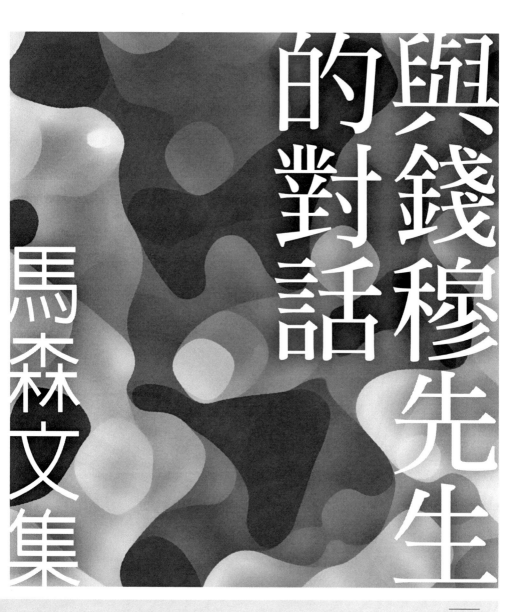

與錢穆先生的對話

的對話

馬森文集

展望中國之前途

剖析文化的傳承與新變

Sen Ma
學術卷
05

與錢穆先生的對話

秀威版總序

　　我的已經出版的作品，本來分散在多家出版公司，如今收在一起以文集的名義由秀威資訊科技有限公司出版，對我來說也算是一件有意義的大事，不但書型、字體大小不一的版本可以因此而統一，今後如有新作也只須交給同一家出版公司就行了。

　　稱文集而非全集，因為我仍在人間，還有繼續寫作與出版的可能，全集應該是蓋棺以後的事，就不是需要我自己來操心的了。

　　從十幾歲開始寫作，十六、七歲開始在報章發表作品，二十多歲出版作品，到今天成書的也有四、五十本之多。其中有創作，有學術著作，還有編輯和翻譯的作品，可能會發生分類的麻煩，但若大致劃分成創作、學術與編譯三類也足以概括

了。創作類中有小說（長篇與短篇）、劇作（獨幕劇與多幕劇）和散文、隨筆的不同；學術中又可分為學院論文、文學史、戲劇史、與一般評論（文化、社會、文學、戲劇和電影評論）。編譯中有少量的翻譯作品，也有少量的編著作品，在版權沒有問題的情形下也可考慮收入。

有些作品曾經多家出版社出版過，例如《巴黎的故事》就有香港大學出版社、四季出版社、爾雅出版社、文化生活新知出版社、印刻出版社等不同版本，《孤絕》有聯經出版社（兩種版本）、北京人民文學出版社、麥田出版社等版本，《夜遊》則有爾雅出版社、文化生活新知出版社、九歌出版社（兩種版本）等不同版本，其他作品多數如此，其中可能有所差異，藉此機會可以出版一個較完整的版本，而且又可重新校訂，使錯誤減到最少。

創作，我總以為是自由心靈的呈現，代表了作者情感、思維與人生經驗的總和，既不應依附於任何宗教、政治理念，也不必企圖教訓或牽引讀者的路向。至於作品的高下，則端賴作

者的藝術修養與造詣。作者所呈現的藝術與思維，讀者可以自由涉獵、欣賞，或拒絕涉獵、欣賞，就如人間的友情，全看兩造是否有緣。作者與讀者的關係就是一種交誼的關係，雙方的觀點是否相同並不重要，重要的是一方對另一方的書寫能否產生同情與好感。所以寫與讀，完全是一種自由的結合，代表了人間行為最自由自主的一面。

　　學術著作方面，多半是學院內的工作。我一生從做學生到做老師，從未離開過學院，因此不能不盡心於研究工作。其實學術著作也需要靈感與突破，才會產生有價值的創見。在我的論著中有幾項可能是屬於創見的：一是我拈出「老人文化」做為探討中國文化深層結構的基本原型。二是我提出的中國文學及戲劇的「兩度西潮論」，在海峽兩岸都引起不少迴響。三是對五四以來國人所醉心與推崇的寫實主義，在實際的創作中卻常因對寫實主義的理論與方法認識不足，或由於受了主觀的因素，諸如傳統「文以載道」的遺存、濟世救國的熱衷、個人的政治參與等等的干擾，以致寫出遠離真實生活的作品，我稱其

謂「擬寫實主義」，且認為是研究五四以後海峽兩岸新小說與現代戲劇的不容忽視的現象。此一觀點也為海峽兩岸的學者所呼應。四是舉出釐析中西戲劇區別的三項重要的標誌：演員劇場與作家劇場，劇詩與詩劇以及道德人與情緒人的分別。五是我提出的「腳色式的人物」，主導了我自己的戲劇創作。

與純創作相異的是，學術論著總企圖對後來的學者有所啟發與導引，也就是在學術的領域內盡量貢獻出一磚一瓦，做為後來者繼續累積的基礎。這是與創作大不相同之處。這個文集既然包括二者在內，所以我不得不加以釐清。

其實文集的每本書中，都已有各自的序言，有時還不止一篇，對各該作品的內容及背景已有所闡釋，此處我勿庸詞費，僅簡略序之如上。

　　　　　　　　馬森序於維城，二〇一〇年七月二十三日

引言

　　這篇與錢穆先生的對話是多年前的舊稿，緣起於一九七〇年元月錢穆先生應台灣成功大學羅雲平校長之邀，在成大甫成立不久的文學院所做的史學講座。該講座共有四講：第一講在元月六日，第二講在八日，第三講在十二日，第四講在十四日，且以「史學導言」為總題從該年三月二十一日到四月五日發表在《中央副刊》上（註一），接著在該年五月又出版成書（錢穆 1970a）。這篇講稿是錢氏積多半生史學研究的心得，擇菁含銳簡縮成數萬字的精華篇，乃當日極具代表性的言論，很值得吾人重視，因此才引起我與錢穆先生對話的衝動，因而草成一篇評論的長文。本來寄給了香港的《明報月刊》，那時候的《明報月刊》主編胡菊人先生回信說因為稿子太長了，要

分數期發表。後來於一九七二年初發表的時候，主編特別為此策劃了一項「『中華文化與中國之路』論集」，把我原稿的結論置為該論集的首篇，並發表聲明說：「本期刊出的第一篇，是遠在墨西哥大學馬森教授長文的一部分，特別論及中國民主制度如何建立的問題。」（註二）該文的標題為〈中國民主政制的前途〉（馬森 1972）。過了一年，又刊出一篇，題為〈中國的家庭制與衣食住行〉（馬森 1973），是擇取原文中間的一部分，並未依照原稿的順序，以後即沒有了下文。不知是否礙於錢穆先生當日的盛名，誤認我說話不知輕重，深恐唐突先賢，故凡與錢先生論辯之文均未刊出。重點既未刊出，所以發表等於未發表，不但失去了使錢先生過目的機會，甚至從已刊出的段落也看不出這是一篇企圖與錢穆先生對話的文章。

　　其實我對錢穆先生十分敬重，而且早與錢先生有一面之雅。記得大概是五〇年代，我剛步出大學不久，一天途經台北市歷史博物館前，曾聽朋友說起錢先生下榻館中，那日心血來潮想拜望一下這位海內聞名的史學家，於是就不加思索地走進

去。錢先生很友善地接待了我，雖然只有短短的約二十分鐘的交談，至今仍使我不能忘懷那種令人如沐春風的感覺。特別使我感動的是他那種對待一個陌生的年輕人的謙和溫存的態度。我國的名人我也見過不少，那些做官的且不去論他，就說學術界中，我也不知領教過多少倨傲冷峻的嘴臉，也正因此錢先生忠厚長者的風範更顯得超拔不群。八○年代，我由英倫返國後又再度到台北外雙溪素書樓登門拜謁過錢先生，那時已是錢先生的晚年了。因為錢先生始終未看到這篇文章，所以那日我們的談話也未涉及到相關的話題。

　　對錢先生我無幸親領教誨，對他的為人認識不深，但其大作《國史大綱》、《莊子纂箋》、《先秦諸子繫年》等都曾拜讀過，而且早年研究莊學時，曾為必備的參考書。從其言論中感覺他是位有情敢任之士，故引發我與他對話的豪情，暗忖即使我有冒犯之處，也會得到他的諒解。因此我想這篇舊稿絕不會唐突了錢先生，如果他地下有知，很可能會引我為知己。我為何有此想法？因為如係我自己，倘有年輕晚輩如此細心地

讀過我的作品，且願意跟我展開冗長的對話，不管意見是否相同，都是我莫大的榮幸。當年《明報月刊》主編胡菊人先生的顧慮，實在是多餘的。

在我寫這篇評論的一九七〇年，為何忽然對史學發生興趣？實乃由於環境與時代的影響使然。一九六七年春我在巴黎應墨西哥學院之邀，遠赴墨京建立中南美洲第一所中國文化研究中心，雖然重心放在文化、語言與文學上，但也不能忽略中國的歷史。再加以時值中國文化大革命期間，中國大陸上日日都在發生一些令人怵目驚心的事件，使我感觸良深，對中國的傳統與社會不能不更加注意，因此平素即涉獵了一些有關中國史的著作，所以才特別注意到史學大師錢穆先生的言論。讀過錢先生這篇《史學導言》後，深感錢先生維護中國固有文化傳統的心情老而彌堅，值得我們後輩的學習和尊敬。一個真正的學者，總得先是一個正直忠厚的人，如此才可以無偽地把他的人格貫注在他的言行著作中。不管別人是否同意他的見解，免不了為他真摯的態度所感動，讀錢先生這篇《史學導言》就有

這種感覺。然而在為錢先生真摯的態度感動之餘，不由地同時有一種惋惜之情油然而生。惋惜的是我們畢竟是屬於兩個不同的世代，我們的所見、所思都有一段相當的距離。他的史觀縱然極富微言大義，很值得後輩學習與參考，但總體言之，應該是屬於過去的一代了。今天我們這一代的人有今天的生活，有對今天世界的認識，也有對今天的責任。這一點恐怕為當日的錢先生所忽略，或者以錢先生當日的年紀無法完全理解，縱使其在心情與精神上極願與當日的青年人接近（錢穆 1970b）。這也就是為什麼我想針對錢先生的這篇《史學導言》跟他對話的原因，並想藉此機會一抒個人對中國前途的看法。以一己的膚學淺見，所言雖難期一一中肯，但在當前的處境中，重要的乃在肯言與敢言，所以我仍願把自己的看法坦率地表達出來，一者就教於當日的錢先生（可惜他如今已經不能回答了），二者就教於關切我國命脈的當代學人。而且，如今我自己又屬於年長的一代了，所謂的「新世代」、「新人類」自然也會有他們的看法，因此我跟錢先生的這番對話，就具有了承先接後的意義。

　　如今距離我與錢先生對話的時代又過了四十年，中國早已經走出文化大革命的陰霾，其經濟社會的狀貌已遠非昔比，變化之大，也遠出當日預料之外。今日之中國雖仍沿用社會主義之名，卻已失社會主義之實，而且走資走得越來越徹底，人民的生活與行為已非毛澤東時代所可以想像，生產力與國勢幾乎要與美國並駕齊驅了，可是在政治上，令人不能不遺憾的是離民主政制還有一段遙遠的距離，因此我與錢先生的對話就似乎還沒有過時。

　　此篇評論，除了校訂一些體例及可能的錯誤、疏漏外，其他一概保持原狀，就是我在一九七〇年的觀點與看法，縱然今日我可能已有些不同的意見，但並未以今日之我否定昨日之我而加以修訂。

二〇一一年元月謹誌

註一：錢穆先生於民國五十九年五月一日為《史學導言》一書
　　　的出版所寫的〈跋〉云：「本書所收四番演講，乃由台

南成功大學羅雲平校長屢次親來寓舍面邀，乃於本年一月四日抽空前去台南，商定每星期作兩次講演，前後兩星期共四次。第一次在一月之六日，第二次在八日，第三次在十二日，第四次在十四日。其時已值成大學期考試開始，但成大學生除歷史系、國文系全體出席外，其他各院各系，亦踴躍參加，不因預備考試而中輟。又承台南市各界人士前來旁聽。講辭由內人根據錄音帶逐字逐句寫出，再經刪潤。又經中央日報在副刊中分期登載。嗣由中央日報曹聖芬社長與羅校長共同決定刊成專書。其間並承各方貽書討論，並公開評騭，雅意稠疊，同此致謝。」

註二：《明報月刊》主編在一九七二年一月該刊第七卷第一期（總第七十八期）所策劃的「『中華文化與中國之路』論集」的聲明中說：

「歲序更迭，一九七二年瞬然而至。在這新年的開始，我們展開一項長久以來許多讀者建議過的討論──從中

國文化歷史角度，去探討中國將來應走的道路。

這是超過半個世界以來，熱烈爭論過的問題，但我們這個討論，卻不願陷入過去「西化」、「中化」之爭的覆轍。我們相信，大多數讀者和作者，亦已認識到所謂中化西化，今日再無討論的必要。甚至所謂「現代化」這個問題也大可不必爭論，因為中國大陸、台灣以致海外華人社會，在生活方式、生產手段以致思想觀念上，都在個別的不同程度、不同情形下，已經是「西化」或「現代化」，或至少已朝著「現代化」、「西化」的路向走了。

儘管如此，中國文化仍然是與我們息息相關，並不因為表面上的「西化」、「現代化」而再沒有如何對待傳統文化、及如何銜接、如何去蕪存菁、如何中西融合的問題的存在。特別是最近數年中國大陸的文化大革命及台灣的「文化復興」，都與文化有密切的關係，可見這個大問題值得我們不斷探討、反省和展望。

這個問題討論開來牽涉的方面極廣，我們希望將來參加討論的作者，能就具體的問題立論，而不是容泛地談事象以外的抽象觀念問題。並且希望能扣緊現時情況。更希望能就事論事，不作偏激的攻訐（無論是對人、對政權、對學派）。這種討論將會極有意義，不僅可使我們對中國歷史文化有更深刻的認識，開展我們對古今中外的知識學問的視野，此外尚可以達到可能是屬於奢望的一個目的──對當今的中國政權，盡一點「野叟獻曝」的綿責。

本期刊出第一篇，是遠在墨西哥大學的馬森教授的長文一部份。特別論及中國民主制度如何建立的問題。下期將刊出宋定式先生檢討中國傳統與知識份子的問題。附帶聲名的是，所刊文稿無論在政見上或文化觀點上，並不代表本刊的意見和立場。」（明報月刊，一九七二）

論錢穆先生《史學導言》

一、治學的基礎

　　錢先生在談到「治學的基礎」時，開宗明義即提出傳統上學問有三個方面：義理、考據、辭章。他說：「義理教我們德行，辭章培養我們的情感，考據增進我們的知識。須德行、情感、知識三方皆備，才得稱為一成人。學問皆由人做，人品高，學問境界亦會隨而高；人品低，不能期望其學問境界之高。如一無德行無情感之人，一意來求歷史知識，究其所得，實也決不足稱為歷史知識。」（錢穆 1970a：20-21）此語可以說道破了今日東西兩方學術界的弊害所在。西方之科學，不獨自然科學，即人文科學也在內，之所以常常成為惡勢力之工具，正因為知識與德行、情感脫離之故。譬如二次世界大戰時德國納粹發動侵略戰爭，屠殺猶太人無數，豈非依靠科學

知識？日本侵華時的大屠殺以及在東北所設的拿生人作實驗的
「黑太陽731──日軍細菌醫學中心」，不也都是利用很先進
的科學嗎？今人治學偏重知識，對德行、情感多不考究，此乃
受西方科學精神之影響所致。在西方博士、學者可以殺人，可
以為盜；在中國未受西方影響之前，讀書人容或有其他缺點，
但兼營雞鳴狗盜之營生者實屬罕見。我們只要看看世界上幾個
最高學府的學人，特別在美國，那些修博士學位的專家學者，
整日價鑽在書堆或實驗室內，不但不聞天下大事，人與人之間
的交接也非常寡淡，一味追求的就是知識，知識，知識！西諺
曰：「知識就是力量！」無怪西方人對知識如此醉心。非但所
求只在知識，而且專攻知識中極小的一部分，所以才會有看左
鼻孔的鼻科醫生不管診治右鼻孔病症的笑話。因此西方社會中
專家雖多，卻常常流於工具性質，難以達到一個知識、道德、
情感具備的完滿的個人。中國過去所求乃在每個個人的圓滿完
成，西方則重社會集體的圓滿完成，所以才走上社會分工的一
條道路，個人遂降而為達到集體圓滿完成之工具，正如前人所

常言乃一部大機器中的一粒小螺絲釘而已。因此西方社會中的個人，縱然其物質享受超過我國人百倍，在個人自覺上並沒有相對的高度幸福感。我們今日也為大勢所迫，漸漸走上同樣的一條道路，我們不得不自問：如不能獲得個人的身心圓滿完足，社會集體的圓滿完足是否可提升每個個人的幸福感？何況沒有個人的圓滿完足做底子，是否真能達到社會集體的圓滿完足實在也是一大疑問。西方各國到今日仍不能獲得集體的圓滿完足，也可成為吾人之殷鑑。所以我們認為錢先生在這一方面的確抓到了固有文化的精華所在，需要補充的是：不能因為西方的科學精神忽略了德行、情感，我們就該專重德行、情感而輕忽知識的價值。

　　錢先生又進一步說；「一切知識，應以德行、情感為基本，一切考據之學應以義理、辭章為基本。一言一行不苟且，此是義理學開始；一字一句不苟且，此是辭章學開始。預備了這兩項條件，才能來讀歷史，治史學。」（錢穆 1970a：21）一字一句不苟且，不過是一言一行不苟且的延伸，錢先生的意

思一句話即德行為一切之根本，知識在此反倒成為末學。這是否意味著有點不顧近世以來所受到的教訓，又要把治學的基礎導向鴉片戰爭以前的老路上去？維護中國固有文化的誠意固然值得敬佩，但是否也該顧及中國近世紀所受的血淚教訓？梁漱溟先生曾說過：「中國人似非以知識見長之民族。此關於其開化甚早，文化壽命極長，而卒不能產生科學，可以知道。科學是知識之正規或典範。只有科學才算確實而有系統的知識。只有科學，知識才得其向前發展之道。中國人始終走不上科學道路，便見其長處不在此。」（梁漱溟 1949）近世學者也都同意中國文化之過於專注道德、倫理而忽視或輕視知識，乃中國科學落後的主因。德國社會學家韋伯（Max Weber, 1864-1920）在他的《中國的宗教:儒家與道家》（*The Religion of China: Confucianism and Taoism*）一書中已有詳細的論證（Weber 1968），雖然其中多有誤解，但對其點出道德窒息知識一項卻頗中肯（註三）。

從鴉片戰爭以來，我國累受列強帝國主義國家的種種欺凌壓迫幾遭亡國滅種的災禍之後，才幡然醒悟我們不能不提倡

科學，因而有「科學救國」的口號喊出來。為了提倡科學，又不得不與所有我國故有文化中違反科學精神及阻礙科學發展的因素鬥爭。鬥到今日，科學還不曾趕得上西方，豈能來打退堂鼓，把知識重置於德行、情感之末？重新來受道德倫理的窒息？我們雖然看到了純知識的弊害，我們需要的是知識、德行、情感並重，而不希望輕視知識，輕視科學。而且沒有知識作基礎的德行，恐怕會有流於不合時宜的教條或虛文假禮之虞。

　　由此觀之，錢先生所傳承的學問三方面作為治學的基礎，未免有些過時，顯然不曾顧及到時代的精神。錢先生說：「在西方學問沒有到中國來以前，中國這近一千年來的學術上，有此宋學與漢學的兩大分野，一是義理之學，一是考據之學，而同時又另有辭章之學，學問就如此分成了三部門。」（錢穆 1970a：5）錢先生既然明確地指出這是在西方的學問沒有到中國來以前的事，我們如今既然生活在西方的學問已經到了中國以後的時代，似乎不應該繼續抱著以前的治學規範不放手；不然豈不辜負了這一番西學東漸之賜？再說戴東源和姚姬傳把

學問劃分成這三個部門，乃受他們自己的時代背景所限。那時候他們根本就沒有把自然科學看作是學問，所以才沒把自然科學包括在內（錢先生自言：「這個分法，並不包括自然科學在內。」）並非因此可以推斷中國過去完全沒有自然科學，也並不能說中國過去的科學成就今天不該當作學問來研究。李約瑟（Joseph Needham, 1900-95）的《中國科技與文明》（*Science and Civilization in China*）一出，證明了中國的科技在十四世紀以前曾執世界科技之牛耳，我們才大為驚訝，原來我們的祖先也竟如此偉大過！我們不禁自問：為什麼我們這些個不肖的子孫不曾把祖上的成就系統地整理出來，卻待此碧眼兒為之？我想原因多半是因為我們太過看重義理、考據、辭章，忘了除此之外還有別的也可稱之為學問的東西。

　　就說治史學，今日恐怕也不應再以義理、考據、辭章的三分法來做入手的門徑和基礎。錢先生喜歡以中西文化作比，我們不妨也舉西方的史學發展為例：希臘、羅馬的古史是一個面貌，受了文藝復興人文主義影響後的史學又是一個面貌，新舊

教的改革對歐洲的史學增加了新的因素，啟蒙主義後的理性覺醒、科學發達又使史學的研究與著述朝前邁進了一步，近代批判的客觀精神再把史學帶上一個新的階段，於是乎有所謂的新史學或綜合史學的出現（Barnes 1925/1948）。由於博學之難得，近世治史學者，或多人合作，或分門別類專治一項如文化史、社會史、經濟史、政治史、文學史、美術史、建築史，以致婚姻史、民俗史等等。如治通史，則對一切有關的基礎科學知識不能無知，譬如天文、地理、人類、考古、社會、經濟、政治、文藝、生物、生理、心理、病理、遺傳等學科都得有所認識，始可著墨。可見治史學，知識的範圍與基礎是相當廣闊、相當重要的，豈可輕視知識，認為只有德行、情感作基礎就可讀歷史、治史學了？

註三：例如韋伯指出儒家追求個人道德人格的完足，故孔子言「君子不器」，此與西方追求專門知識科學路徑背道而馳。

二、治史學的態度

　　我很同意錢穆先生所講治史學所必備的一番心情。錢先生認為治史學首先必得愛史學，應把史學當作一種生命之學來看待。（錢穆 1970a）如不愛史，儘可以去做別種事，何苦偏要治史？治中國史，除了愛史學外，還得對中國有一番愛慕之情才行，否則先把中國的歷史看成一團黑暗又有何可治之處？

　　錢先生批判的近世國人的「打倒」精神也很對。雖然在政治上有時免不了要打倒，但在治學上自可採取別的態度，用「打倒」的精神治學，實在對學術並沒有多大利益。正如錢氏所言：「打倒二字掛在嘴邊，但到底還是打不倒，然而影響卻大。」（錢穆 1970a：10）錢先生此處顯然意指五四時代所呼出的「打倒孔家店」的口號。錢先生說的沒錯，孔家店不是如

此輕易可以打倒的，時過境遷我們也可看出任何文化傳統都並沒有打倒的必要。近人常錯以為舊的不倒，新的不來，所以要創造新文學，非要先打倒舊文學不可；要創造新文化，非要先打倒舊文化不可。中國大陸上正在進行的文化大革命，每天都在打倒，時時都在打倒，不只打倒文化（例如破四舊），還要打倒人（牛鬼蛇神），不只呼呼口號，而是真槍實彈地屠戮人命，可以說把「打倒」的精神發揚到極致，其造成的後果，人人都看到了。其實歷史的經驗已經證明，只要新的真正豎立起來，舊的不打自倒，正如爺爺不用孫子的打倒也會乖乖地把位子讓給新生的一代。這是自然的規律，除非在必要的關頭，何苦再來人為地製造多餘的紛擾與痛苦呢？

　　錢先生談到近代中國人治史學一味崇洋，外國人沒說過的話，自己也不敢說，甚至把自己本位的中國近代史的研究工作，也供手讓人，所以他語重心長地鼓勵中國人自行奮發，因此說：「西方人有一套較發達的自然科學，還能自驕、自傲，中國人有此一套極精美的人文學，為何不自奮自發？諸位當知

自然科學是世界性的，我們落後了，可以向外求；歷史則是個別自我的，中國歷史，只有中國人來發掘、闡尋，不能也把此事來讓別人做。」（錢穆 1970a：39）我完全同意中國史應由中國人來治的態度，正如錢先生所言歷史不是自然科學，歷史是灌注了一個民族的生命在內的，不是土生土長，不是自覺屬於這一個大生命中的一份子的人，無論如何也體會不出這一種生命的意義與價值。所以外國人治中國史，不管眼光多麼犀利，所用的方法多麼細密，結果總令人覺得不是枯燥乾澀，就是隔靴搔癢，實難進到中國史的血脈之中。然則，中國人治中國史學，是不是就完全不能採用外國人的方法？我以為是可以的。不但可以，而也是極需要的。任何文化都會因慣性而產生盲點，取人之長正是補己之短的捷徑，何能輕忽？錢先生自己也說：「今日我們講史學，自與漢唐人時該有不同。」（錢穆 1970a：37）錢先生雖然只舉漢唐，不用說漢唐以後的宋、元、明、清也該包括在內。如果我們沒有誤會錢先生的原意，這句話應該解作：「今日講史學應與古人不同。」這種差異應該是

治史的態度、方法，以及史觀種種方面的不同。為何有此不同？乃因時代與環境的變遷使然。錢先生既然也瞭解這一點，我不明白他為何反對吸取西人的方法？我也不懂他為什麼嗟嘆中國人到國外學史學的事實。（王國維在一九二二年就曾建議北京大學送有史學根基的學生出國留學。）我想中國人到國外學史學，主要的是為了開闊眼界和學習他人治史學的方法。又如治中國近代史，不明外國的史料也是不行的，因為中國近代已經不再是閉關自守的國家。近代中國的大變故，無不與東西洋國家有關。研究近代史，如不搜集有關各國的史料全面地來看問題，如何能夠獲得歷史之真相？有關這一點，楊鈞實先生在〈讀《史學導言》第一、二講〉（楊鈞實 1970）中也已明白指出，茲不贅述。

我想錢先生之所以反對吸收西人的方法治史，或覺得中國青年到美國、日本去習中國史，是件值得警惕的事，原因是錢先生看輕了西方人或日本人的人文科學，所以才說：「此刻且把中國文化和西方文化粗粗作一比較，我們可以說，西方文

化在今天，比我們長的在自然科學。此方面，我們實在遠不如他們。但說到人文學，不能不承認我們實在比他們強得多。」（錢穆 1970a：23）是不是我們的人文學比西方強得多，或我們的史學無與倫比姑且不論，僅這種看人的態度恰跟西方的史學家，例如湯普森（J. W. Thompson）、巴特費爾德（Herbert Butterfild）等人看中國史學如出一轍（杜維運 1966）。現在西方的史學界已經開始漸漸地從他們以往那種目空一切的狹隘的史觀中解脫出來，重估中國史的價值，而我們是否該步他們的後塵來自以為是呢？

　　錢先生之所以看輕了西方的史學，可能與他對中國史學以外的史學不太留意有關。譬如他說：「希臘、羅馬又苦於無史可讀。」（錢穆 1970a：29）這可能出於錢先生的誤解。希臘、羅馬怎能無史？西羅多替斯（Herodotus,480-425 B.C.）的《波斯戰史》（*History of the Persian War*）、修塞底德斯（Thucydides, 365-398 B.C.）的《伯羅波尼撒戰史》（*History of the Peloponnesian War*）、波里比由斯（Polybius,198-117

B.C.）的《羅馬史》（*History of Rome*）等等（Bury 1909；Shotwell 1922）是不是都可算是歷史著作？而且在亞里士多德的《詩學》中曾大談歷史著作（姚一葦 1966），可見在亞里士多德的時代與以前希臘是不乏史書的。他又說：「埃及、巴比倫亡了，不再有當年之埃及、巴比倫；希臘、羅馬亡了，不再有當年之希臘、羅馬。只有中國，屢蹶屢起，屹立了四千年。」（錢穆 1970a：39）這句話不能不使人覺得其中有語病，而且在歷史的認識上也大有問題。巴比倫、羅馬嚴格地說已成歷史陳跡，然而埃及、希臘其國尚存，雖已無昔日之輝煌，總不能說今日之埃及、希臘人非當年埃及、希臘人之子孫，也不能說今日他們的人民完全喪失了古埃及、古希臘傳下來的語言、文字、歷史、文化。如一定要說今日之埃及、希臘已非當年之埃及、希臘，難道說今日之中國就是昔日漢唐盛世之中國嗎？不是也可以說漢亡了，不再有當年之漢；唐亡了，不再有當年之唐？如此推演下去，又怎能得出中國屢蹶屢起，屹立了四千年的結論呢？事實上，非但埃及、希臘的文化傳統

沒有完全斷絕，巴比倫、羅馬的文化傳統又何嘗完全斷絕？要談到差不多是斷絕了的，我們只能舉出一些印地安人的文化，像散佈於墨西哥南部及瓜地馬拉等中美國家的瑪雅文化。今日吾人只能憑弔其聳立在原始古林裡的巨大金字塔與設計精巧曾光輝一時的宮殿、廟宇，還有他們精確的曆法和尚無人通曉的象形文字。除此以外，真是所留無幾；但要說百分之百的斷絕，還是不能，至少今天的瑪雅人仍保留著他們的血脈及一些習俗。錢先生常說的「說話應該有憑有據」，以上的話都是有憑有據的。研究史學最忌侷限在一個小範圍之內，我們都知道除了中國和歐洲有傑出的史學傳統以外，阿拉伯回教民族也有他們的史學傳統，只是中國史學界對此向來涉獵不深，難窺其虛實而已。

　　各國的史學自我中心在所難免，但過度狹隘的愛國主義常會造成不幸的後果，高畢諾（Joseph-Arthur de Gobinou,1816-82）一輩人所提倡的種族使命及種族優劣學說（註四），流弊所及明眼之士皆知其害，小焉者使西方人自以為優越，目中無

人；大焉者竟出現執行種族滅絕的納粹政黨。不幸歐美史學界
受其遺風餘韻所染者仍不乏人，吾人實不能不引以為鑑。

　　我們覺得今日從事中國史學研究應有的態度，第一得像錢
先生所言「先有一番愛歷史、愛國家、愛民族的心情。」但這
種愛國家、愛民族的心情須置於愛真理的心情之下，才不至於
流於狹隘的國家主義，也才不致不顧歷史的真實，盡力鼓吹一
己的歷史文化成就，而蔑視他人。第二得要高瞻遠矚，虛心接
受其他民族的史學經驗和史學方法。出身劍橋大學現任教於加
拿大英屬哥倫比亞大學專治唐史的蒲立本（E. G. Pulleyblank）
教授的態度很值得我們參考。他說：「歐洲史學傳統，追溯到
它的希臘、羅馬淵源，伊斯蘭教發展其歷史，不像其哲學，顯
然非受希臘典型的影響。中國出產之歷史著作，有其特殊優
點，亦有其特殊限制，且其產量豐碩，記載悠久而又綿延不
絕。如果一個人去正確地瞭解史學問題，以及史學在人類文化
發展中所佔的地位，很明顯的他必須全顧到這三個傳統。」
（W.G. Beasley & E.G. Pulleyblank 1961）不用說人類未來的文

化一定會越來越脫出各自獨力發展的途徑，不顧他人之成就，只會造成自己的損失，因此自我隔絕毋寧是治學的大忌。

註四：高畢諾，法國貴族小說家、歷史學家與種族理論學者。他以《種族不平等論》（*Essai sur l'inéqualité des races*, 1855）一書聞名於世。他懷疑白種、黃種、黑種為同源的人種，認為白種優於有色人種，而歐洲的文明為較優越的文明。他也認為不同種族的混融會為人類（白種）帶來災難。他雖然並未歧視猶太人，但他的理論卻為德國納粹引為屠殺猶太人的根據。

三、治史學的方法

　　對於治史學的方法，錢先生自言十年前（也就是一九六〇年前）曾有八次演講專講這個題目，因此在這次的《史學導言》中略而不談了。（錢穆 1970a：43）我因為手邊沒有錢先生以前關於史學方法論的講稿，所以對錢先生以前的言論無從論起。僅就目下的《史學導言》而論，錢先生也未嘗不曾談到史學方法的問題。譬如，他在「學問的三方面」中所談的考據之學，其實就是方法的問題。考據學雖然在有清一代曾成為一門獨立的學問，嚴格地說考據不是目的，而是手段。歷史學需要考據的方法，文學、語言學、文字學，以致於經濟、政治、社會等學，哪一種不可以借重考據的方法？只是僅用考據的方法，在今日治學顯然是不夠的，因為考據只能幫助我們判斷史

料的是否真確，殊不能幫助我們從其中看出一番意義，或得出一種結論；而況判斷史料之真偽，也不能只用考據的方法，需配合其他的方法始可湊效，譬如現代治學通用的分析法、比較法、綜合法等，都可靈活運用。

　　目前馬克思主義者所用的唯物辯證法，吾人也不該忽略，因為不管是用一分為二或合二為一的形而上的說法，還是用辯證唯物主義以經濟的發展和生產關係來解釋歷史的演進，都已把史學推向了一個新紀元，為史學開闢了新眼界。這是舉世史學家所公認的，只是我們並不贊同把辯證唯物主義看作是唯一的真理，也不能同意像翦伯贊先生所云：「用辯證唯物主義的方法來研究中國歷史和用其他的方法研究中國歷史的基本不同之點，就是它的目的不僅是說明歷史，而且是改變歷史。」（翦伯贊 1962）辯證唯物主義是否就能改變歷史姑且不論，翦氏在此把辯證唯物主義的方法跟其他的方法對立起來，看成是唯一可用而應該用的方法，不用說也是把歷史的研究方法推入牛角尖的一類見解，恐只有扼殺了史學的研究而後已（註

五）。不過，唯物辯證法正如佛洛伊德（Sigmund Freud,1856-1939）的心理分析法一樣，確是歷史研究可用的方法之一。沙特（Jean-Paul Sartre, 1905-80）在其撰寫的《福樓拜研究》中，就努力把這兩種方法熔為一爐，並稱馬克思主義和佛洛伊德的心理分析乃近代人類史的兩大發現。他捨棄文學創作，而從事《福樓拜研究》的主要目的，即企圖給未來的文學研究與歷史研究做出一個榜樣來（註六）。

　　近代由於人文科學的發達，史學早已不能獨霸研究人類及其文化進展的園地，諸如人類學、社會學、經濟學、政治學、心理學等等早已自成科門，而且都已經做出了出色的成績。這些科門雖說多多少少乃由史學中離析而出，但史學也可回過頭來借鑑於他們所用的方法。因而有以經濟解釋歷史者，有以地理環境解釋歷史者，有以政治改革解釋歷史者，有以自然科學之進步解釋歷史者，有以人類學解釋歷史者，有以社會學解釋歷史者，有以社會心理學解釋歷史者等等。尤以後者在所謂的新史學中佔有重要的地位，因其最能代表現代精神之故。而

比較史學更把各國各民族的歷史拉上了世界史的道路。種種比較史學的研究，必將會為史學開出一番新天地。（Robinson 1912;Barnes 1925）（註七）

　　錢穆先生在《史學導言》中對治史學的方法雖未具體地說明，但字裡行間卻充溢著我國古代史學已經是極科學的，已經達到了萬物皆備於我的境地，現代的中國人只須沿著老路子走就不會有錯。譬如他說：「自然科學最大本領，首在觀察，次在記錄，中國古人對人與事方面之觀察與紀錄，其精密審細，較之近代西方之運用在自然物方面者，可謂有過無不及。將來若有人要從頭研究人類生活文化演進，求獲一番新知識，則惟中國有此一番紀錄可供參考。因惟有中國史備有一種科學精神，把人類往迹，分年分事分人記下，像是錯綜，不免重複，實最細密，可獲真象。」（錢穆 1970a：27-28）錢先生此處非是把中國古人與西方古人相比，而是把中國古人與西方現代人相比；也並非拿中國古代之人文學與西方現代之人文學相比，而是拿中國古代之人文學與西方現代之自然科學相比，而且說

是有過之而無不及。不知此處錢先生只是隨口說說的，還是也曾有根有據地下過一番考據的功夫？要是真正「惟有中國史備有一種科學精神」，豈不是等於說科學精神中國早已有之？還有，既然「惟有」中國史備有一種科學精神，為何只可提供新知識的參考而已？如只能作參考，那還不能直稱「具有科學精神的史學」。要知道科學精神，並非如錢先生所說「首在觀察，次在記錄」而已，在「觀察」、「記錄」之餘，尚需求出事物之規律，也就是說必須獲得結論。此結論比觀察與紀錄更為重要，如舉牛頓為例，如果牛頓只觀察到蘋果落地，也記錄下蘋果落地，並不能成其為科學，一直等到他從觀察、記錄以後獲得靈感再加以無數的實驗與鑽研終於獲得「萬有引力」的結論，才能稱之為科學。所以說不把眼光放在現代，而只往古人堆裡去求取科學精神，對史學的前途實在是樁危險的事。在其他人文社會科學都在突飛猛進的今日，如果唯有史學一毫不變地墨守古人的成規，又如何能去求取一番新知識、新境界、新眼界或新內容呢？譬如說法國的葛阿乃（M. Granet,1884-

1940）寫出幾冊《中國古代的節日和歌謠》（*Fêtes et chansons anciennes de la Chine*）、《古中國的舞蹈與傳說》（*Danses et Légendes de la Chine ancienne*）（Granet 1919,1959），對《詩經》的研究自有一番新的見解與新的內容。我並非認為他的研究成果超出了國人之上，而是說他的觀點及方法是我國人一向不曾用過的，因此可說為《詩經》的研究另闢蹊徑。又如惹赫乃（Jaques Gernet, 1921- ）寫中國史時很注意地理環境的描寫，也常為我國寫通史的學者所忽視（Gernet 1959）。在國外有不少社會學者、政治學者、經濟學者等，以他們本行的方法來研究中國或中國史，因而宏富了中國史的內容。

　　方法和目的有著密切的關係，有時固然因為目的而決定方法，但有時方法也會修正、開擴甚至會改變目的。過去崇信馬克思主義的史學家認定了辯證的唯物主義是唯一的真理，所以在史學的研究上不容忍任何其他的觀點和方法，那麼他們的目的和方法就形成了一種頭尾銜接的循環，好像一隻咬著自己尾巴轉圈圈的狗，永遠跳不出一方固定的天地。真理如果真正可

為人所把握，其所能把握的一定有其片面性和時間性，因而得要時時去追尋，不斷地把握才成。所以說，科學，包括史學在內，絕不能拒絕任何的新方法與新觀念，並應看待歷史的進展猶若有機體，而非機械的循環。所謂歷史的經驗，並非全可依恃，一切對未來的估計均須從現代著手。錢先生說「歷史為一大學問」，若沒有新觀念、新方法，此一大學問也不過只能流於一句空話而已。

註五：翦伯贊認為怎樣研究中國歷史是立場、觀點和思想方法的問題。他認為過去的歷史學家大多數都是站在地主階級的立場替封建主義服務的。在觀點上，他認為過去站在剝削階級立場上的史學家沒有一個不反對唯物主義的，對於唯心主義則認為是盡善盡美的東西。至於正確的方法，則是指辯證唯物主義而言。（翦伯贊 1950）翦伯贊的論調完全侷限在毛澤東所畫出的階級鬥爭的框框內，但卻是目前中國史學界最有代表性的言論，同時也

是批判右派知識份子，像雷海宗、向達、榮夢源、王鍾翰等的有力打手（翦伯贊 1957）。

註六：見英國*New Life Review*的編者訪問沙特的談話，1970年1月*Le Nouvel Observateur*, N.272）。

註七：亦可參考H.E. Barnes,"History: Its Rise and Development"in *Encyclopedia Americana*。

四、史觀論

　　我們此處所說的「史觀」，乃指對歷史及史學的看法與認識而言。首先我們覺得錢先生對歷史與史學的概念在解說時難免產生混淆不清的現象。第一先說歷史，錢先生自言：「我們的所謂歷史，把文字記載下來的，只是一些狹義的歷史。我們的人生過程，我們人類大生命的過程，才是廣義的歷史。」（錢穆 1970a：68）足見錢先生也認為在文字記載的歷史以外還有廣義的歷史。不過錢先生所指的廣義的歷史乃人生的過程，無奈人生的過程一過去即無從把握，要把握已經過去的人生過程須靠此人生過程所遺留下來的信物。所以人生的過程並不能作為歷史研究的客體，可以作為歷史研究客體的也只能是此人生過程所遺留下來的信物。那麼所謂廣義的歷史實應指所

有人生過程所遺留之文化遺產（即考古學所研究的對象）。近代由於考古學的發達，對於古代遺物的研究已經有了非常好的成績，譬如安陽出土的甲骨文，龍山的陶器、馬王堆及秦墓出土的文物等都帶給我們對古代進一步的認識。我們今日也知道古代的文化遺物所代表的歷史意義常比文字記載的歷史更為正確可靠，因此王國維、董作賓諸先生才會根據甲骨文的研究成果來修正《史記‧殷本紀》的帝王世系（註八）。以史料觀之，文字記載的歷史只能說是歷史的一部分而已。我們不懂為什麼錢先生竟說出這樣的話來：「試看世界上很多各不同的民族，有些到今天根本沒有歷史，沒有了歷史這一內圈，他們則只在自然這一外圈之內生存。有的民族跑進了歷史，但又中斷了。先從自然跑進了歷史，又從歷史退回到自然。像古代的巴比倫、埃及、希臘、羅馬，他們都有一段很光明燦爛的歷史，而又慢慢地退出了。退出了歷史，還是一個人，可是只成了一個無歷史的自然人。」（錢穆 1970a：68）有的民族，像非洲的大多數民族，謂其沒有文字記載的歷史則可，謂其根本沒有

歷史則不合乎實際，也跟錢先生前文所言發生矛盾，特別是當錢先生提出把廣義的歷史看作是人生的過程的觀點。再說錢先生的「歷史中斷論」，不知係指民族生命的中斷？文化的中斷？抑且國家、政府形態的中斷？如說民族生命的中斷，錢先生所提的巴比倫、埃及、希臘、羅馬都有後裔在。要說是文化的中斷，錢先生又自言「近代歐洲，還是從中古時期，從希臘、羅馬慢慢兒變來。」（錢穆 1970a：81）可見也未嘗中斷，未嘗退出。要說國家政府形態的中斷，埃及、希臘今日都有他們自己的國家政府，又何嘗斷絕？雖然他們中間曾受過異族的侵犯，我國不是也曾受過？如果我們的歷史雖經異族統治，不算中斷，仍稱「屹立四千年」，為什麼獨獨他們就算中斷呢？再進一步看，錢先生所舉的這些民族，是否又從歷史退回到自然，也恐未必！所以我們才會覺得錢先生對歷史的概念解說得太過含糊不清了。

　　第二，歷史（包括錢先生所云文字記載的歷史）自然跟史學是兩回事。文字記載的歷史也好，古代的文化遺物也好，

都不過是史學的材料，光有史料，不能逕稱之為史學。史學乃
指對歷史的系統研究而言，得包括史料、史觀、方法、結論。
像錢先生的這篇《史學導言》就是屬於史學的範圍。二十五史
中的大部分都是史料。所以有的國家雖有文字記載的歷史，但
不一定有史學。錢先生不但沒把這兩個不同的概念釐析清楚，
反倒好像故意予以混淆，使人產生歷史就是史學，史學就是歷
史的印象。至於談到我國古代是否有史學一事，我們肯定地說
有。《春秋》、《史記》不但是史料，同時也是史學之祖。何
以言之？因為《春秋》、《史記》都不是單純地記人記事而
已，孔子作《春秋》筆則筆，削則削；司馬遷也借著太史公曰
來大發議論，他們寫歷史自有一套觀點和方法，也可以說是有
批評，有結論，當然跟純粹的史料不同，自然可以看做是屬於
史學的範圍。不幸的是錢先生卻說：「中國人記載歷史的方法
最客觀，最有一種科學的精神。試舉一點來講，中國歷史記人
記事，僅是記載，不加批評，務求保持一種客觀的精神。」
（錢穆 1970a：70）連孔子都筆則筆，削則削，怎麼說沒有批

評？錢先生此言不但有違史實，而且等於把我國的古史打回史料的範圍裡去。對史學還得以進化的觀點來看才行。不管什麼科學，只要沾到一個「學」字，就不能離開「用」字，史學自然也有其時代的使命，也就是對時代的功用。因此在某個時代本為有用之學，後來因時代變遷而失其有用的價值，便不能再成其為「學」，只能算作材料而已。所以對《春秋》、《史記》，我們只可稱其為史學之祖，卻不可拿來代替今日之史學。今日之史學自有今日史學所應有的觀點、方法，而《春秋》、《史記》在今日的史學研究中，只可作為史學研究的對象來處理。

註八：例如王國維〈自契至於成湯八遷〉、〈說商〉
　　　（1915）、〈殷卜辭中所見先公先王考〉（1917）及
　　　董作賓〈卜辭中所見之殷曆〉（1931）、〈殷曆譜〉
　　　（1943）諸篇。

五、歷史的時間與事件

　　錢先生在「歷史的時間與事件」中提出了「有關學歷史應該具有的幾點新觀點」。他說「其實只是中國古人的舊觀念」（錢穆 1970a：65）。雖是中國古人的舊觀念，但經錢先生今日來重提，又加以精闢的解說，實在令人覺得新穎可喜。首先，錢先生對時間關念的分析，我覺得特別精彩，也正是國人長於西人之處。西人常喜用科學的觀念來分析時間，因此時中有分，分中見秒，人的一生就在這一秒一秒滴答不止的鐘擺聲中過去了，不亦悲乎！唯有中國人「很早就有這一套長時間觀念，故能早作久計」。由此再談到「立志」，十足發人深省。不過，雖然「早有許多聖賢遠見，為他作了長久之計」，但此計是否即不能修改？古代的聖賢雖立了志，一口氣看了幾

千年，但我們卻不能說他這一口氣所看的就全無差錯。要是我們定認為如此，豈不又落於歷史的機械循環論的窠臼？是故「志」固然須立，但不可迫後人之必遵行。古人如有迫今人遵行之志，今人也得先看時代環境之需要而定，並無非遵行不可之理。

　　如沒有事件，歷史時間仍只是個抽象的觀念，因此錢先生在談了歷史時間之後，馬上就談到歷史事件。他說：「一切事，要活看，不能死看。不要硬認為當真有這麼一件一件事。只因我們在歷史過程中定下幾個題目，遂若真有這麼一件一件事可以分開。其實真的歷史則並不然，把來分做一件一件事的，只是人為的工作。」（錢穆 1970a：55）這番話是不錯的。於是他接著又說「中國則只是個中國，民族摶成與國家創建，這是中國歷史一條大趨向，也可說全部中國史，唯有這一件，即國家與民族之創成與擴展。」（錢穆 1970a：56）又說：「至於中國史，四千年只是一個民族摶成與國家創建。」再說：「中國歷史惟一大事，乃是民族摶成與國家創建，形成

一個民族國家大統一的局面。」一篇之中，三致意焉。據錢先生的意思，中國歷史無他，只是一個民族搏成與國家創建，而且要形成一個民族國家大統一的局面。這說的固然不錯，但別的民族與國家又何嘗不是民族搏成與國家創建呢？先不用說像美國、加拿大這種原為殖民地的國家，其國內種族乃由極不同的來源漸漸渾為一體而終至創建成一個國家，就說歐洲的強國，英國也不僅有盎格魯撒克森一族而已，法國也不僅高盧一族、德國也不僅是日耳曼族，今日他們豈非也搏成了一體？豈不也創建了各自的國家？因此所謂的「民族搏成與國家創建」，實乃人類歷史之共同趨勢，並非中國史所獨有的特點，又何值得一說再說？如真要把中國史從世界史中區別出來，得要找出中國史不同於其他歷史的特性。如只談其共性，焉能與西方的歷史對比？又焉知「中外歷史之異同」？

　　錢先生說：「科學可以共同一流，歷史顯是彼我異趨。」（錢穆 1970a：58）錢先生此處所謂的「彼我異趨」顯然指的是歷史的趨向。姑且不論世界各國的歷史趨向是否朝同一方向

匯流，只論錢先生的這種看法似乎與其津津樂道的先聖先賢所指出的大同世界大異其趣。錢先生處處總想把中國歷史置於與他國歷史對立的地位，且進一步鼓勵我們要作一個肖子肖孫，「仍只有遵循我們祖宗所定下修身齊家治國平天下那一條大路向，要能使世界人類都跑向中國歷史理想。」（錢穆 1970a：63）不知錢先生是否多少受了些二次大戰前那些國家學派史學家的影響，還是錢先生的思想與這些人不謀而合？要知道，中國人想「使世界人類都跑向中國的歷史理想」，德國人、日本人何嘗不曾這般想過？今天的美國人、俄國人不也正在想著嗎？

　　說到「修身、齊家、治國、平天下」，我們不否認有其歷史意義，有其在一定時期中的道德價值，但放在今日的政治學上看，是不是合宜，就大成問題。「修身、齊家、治國、平天下」到底是聖人之事，還是眾人之事？或者是一部分人修齊治而後去平另一部分人的天下？這豈非帝國主義者所呼出的口號？說句老實話，如果人類真能達到大同世界的理想，恐怕難以使用平天下的手段。類似的一套，在西方的理想國或烏托邦

裡也曾有過的。

　　錢先生所擔心的「崇洋媚外」這件「現代中國史上一大事」，我們覺得也無須過於誇大。錢先生雖然極痛恨「全盤西化」論者，他卻自信地說：「（有人）只想把中國以往歷史一筆勾消，一刀兩斷，攔腰橫斬，好從頭學外國。但如我上面所講歷史時間，恐怕要切也切不斷，譬如抽刀割水水還流，歷史自有一大趨勢，此謂之歷史大流。」（錢穆 1970a：57）錢先生既然看得如此清楚，為何對「崇洋媚外」還要那麼擔心而稱其為「現代中國史上一大事」？現代的中國人的確有崇洋媚外的毛病，不過離亡國滅種還很遠。退一步說，即使國亡了，只要種未滅，歷史還是斷不了，元清兩代不就是前例嗎？如果那時候蒙族和滿族也算是「外」的話，那時的「崇洋媚外」猶過於今日了。其實科學、技術，不管是創於哪一個民族，一旦貢獻於人類，就成了人類的共業，誰都可以採其優者而取之。我不敢說錢先生沒有穿過外國的衣服，或用過外國製造的東西。學習別人的優點，正是振興自己民族之道，不能皆以「崇洋媚

外」而視之。吾人實應平心靜氣地取人之長以補己之短；即使對祖宗的文化遺產，也只可取其精華，棄其糟粕，不能一概繼承。魯迅曾說：「要我們保存國粹，也須國粹能保存我們。」（魯迅 1967）只要保得住人民，歷史總是斷不了的。

　　把歷史事件分作一件一件的，固然是人為的工作，可是為了研究歷史的方便，還不能不予以合理地劃分。錢先生的《國史大綱》也是分朝劃代地講，並不曾一股籠統講下來。談到劃分歷史時期的問題，不用說錢先生堅決反對馬克思主義者所持的觀點。錢先生不止一次地批評了現代研究中國史者所常用的「專制」、「封建」等字彙。其實我們覺得詞彙是為了達意而用的，不管是否外來，是否未見於二十五史，只要今日用來能夠表達應有的意義，便沒有理由拒用。其實今日我們的常用詞，有太多未見於二十五史，其中很多對上一輩的人不會產生明確的概念，但對我們一代其內涵已經非常清楚，古代的有些用詞其意義反倒摸糊起來。舉個例來說，嚴復先生把西方的一個概念譯作「自繇」之時，當時的中國人對這個詞兒並沒有

一個明確的概念，張東蓀在他的《理性與民主》一書中就說：「我敢說中國自古即無西方那樣底自由觀念。」（見《理性與民主》中第五章〈自由與民主〉，張東蓀 1968）可是今日有誰不懂自由的意義呢？相反的，若你把古籍中的「有風」、「有常」、「有倫」、「有義」（見《莊子・齊物論》）等名詞拿出來，若不經國學大師的講解，懂得人真是寥寥無幾，這是時代精神使然也。既然是今人來治今日之史學，自然可以用今人所共知共曉的詞。錢先生的《史學導言》除了引用古人的話以外，不也都是用的今人的詞彙嗎？因此我們覺得應用新名詞或新觀念來治史學，只會擴大史學的眼界和內容，是有百利而無一害的。譬如說王國維、郭沫若、侯外廬、楊尚奎等人對我國古代史的研究都有一些貢獻。再舉一個具體的例子，郭沫若、侯外廬以及寫《中國通史簡編》的范文瀾，都主張把殷代稱為「奴隸社會」，史實證明殷代是有奴隸的，甲骨文及殷代的殉葬制度都可證明（郭沫若 1962；郭寶鈞 1950）。奴隸既然是那個時代的一項特徵，稱之為「奴隸社會」亦未嘗不可。當

然，如有別的史學家應用別的觀點，找出殷代別的特徵，自亦可冠以別種稱號。史實需得從各種角度、各種觀點來看，所以他用「奴隸時代」、「封建時代」來解釋中國古史，我用「秦之一統天下」、「漢唐盛世」來解釋中國古史，只會豐富史學的內容，造成真正的百花齊放、百家爭鳴的局面有何不好？因此對錢先生所言：「正為大家不懂歷史，而好談歷史，把以往歷史一口罵盡，才使共匪在大陸得意狂行。」（錢穆 1970a：3）我們便不盡同意。第一，你說他不懂歷史，他也可以說你不懂歷史，彼此不顧對方的心得和研究成果，難免流於情緒的發洩。第二，把歷史上某些面貌看作是「封建」、「專制」，如過不違反史實，也並非是把歷史一口罵盡。第三，不懂歷史而好談歷史，再加上把以往的歷史一口罵盡，是不是真會因此「才使共匪在大陸得意狂行」呢？共產黨「得意狂行」應該還有更多、更複雜的原因吧？

六、歷史人物

　　講過歷史的時間及事件以後，錢先生緊接著談的是歷史人物。他在「治史學必備的一番心情」講中提出了治史的八字要訣：曰「世運興衰」與「人物賢奸」，可見其對歷史人物之重視。歷史人物固然是極重要的，問題是出在哪些人物重要，哪些人物不重要的上面，根據不同的觀點，便會得到不同的結論。傳統的史學家當然以為帝王將相是重要的人物，馬克思主義的史學家卻認為人民群眾才是歷史上重要的人物。孰是孰非不在本文的討論範圍之內，我們只是想針對錢先生的「人物賢奸」四字，看看是否該如此提出來。第一，我們應該問，對人物之賢或奸該如何定義？第二，人物之賢或奸是否就是決定歷史進展的要素？

　　對於第一個問題，錢先生舉出曹操為例，他說：「曹操兼能政治、軍事，文學，又能用人，備此諸能於一身，固為中國史上一稀有人物。但曹操終是一大奸。若操能開誠心，布公道，盡力扶持漢室，劉備不致定不與他合作。關羽自不必說，徐庶、司馬懿亦能共輔曹業，豈不可使漢室一統重獲維持。此下六百年弒篡相承，使中國歷史陷入一段中衰時期，曹操不能辭其咎，此已成歷史定論。」（錢穆 1970a：75）照以上的話看來，錢先生所以判曹操為一大奸，主要乃由於他不能開誠心，布公道，盡力扶持漢室。然而就漢末的社會情況觀之，漢室豈能再扶？如果漢室還有其一份德業或生命力的話，也不致弄到天下大亂，群雄並起的地步，蓋漢獻帝如不為曹操所挾，恐早為他人所弒矣！即以我國傳統的「天命」論言之，天下乃天下人之天下，非一族一姓之天下，唯有道者可取之。漢室弄得天下大亂，民不聊生，早已失「道」。曹操能夠剿平群雄，收拾了大半個中國，可見還是有些「道」的，怎可因其不曾誠心扶漢室而判其為大奸？再說在中國的歷史上，有哪個開國的

君主肯把自己打來的天下供手讓給前朝的遺胤？不用說自己打天下，就是陰謀篡弒也是屢見不鮮的，何況曹操本人並未篡弒。曹操之所以在世俗的印象中成為一大奸，跟《三國演義》說部的宣傳有莫大的關係。從《三國演義》又衍生出種種戲曲，呈現在舞台上，白臉奸相的印象遂深入民間，正如紅臉的關羽代表了忠誠，已不可動搖。但是在正史上曹操並非這樣的人物。錢先生講的是正史，應該不會受說部或戲曲的影響才對。如判曹操為大奸，大宋的開國君主趙匡胤又當何論？

錢先生又說：「魏晉兩朝，即由操懿兩人開業，但何以說他們是歷史上的反面人物呢？因他們不能領導歷史向前，卻使歷史倒轉向後，違背了歷史大趨。他們既不能領導歷史，也不能追隨歷史，跟在歷史大趨後面追上去，而要來違反歷史的大趨向。」（錢穆 1970a：76）錢先生所謂的歷史大趨，自言乃由周公、孔子以來所形成的一種趨勢。換一句話來說，也就是儒家所謂的「道統」。可是翻開歷史看，哪幾個皇帝是真正尊重儒家道統的？秦始皇第一個焚書坑儒，並無礙其統一中國，

為中國的「民族之摶成與國家之創建」奠立了堅實的基礎。劉邦也是拿了儒冠來撒尿的人物，也無礙其開出兩漢數百年之國運，使中國的文明達到一度的高峰。曹操雖然並非儒家的代表人物，卻也不像秦始皇或劉邦那種反儒的人物。我們所看到的只是統治階層常常拿儒家的「道統」作為維護其自身利益的手段，讓百姓乖乖地接受道統的束縛；一旦這道統違反了他們自身的利益，他們就毫不猶豫地把「道統」一腳踢開。再說，有時候我們也真不容易看清楚是誰代表了所謂的「道統」。譬如說清代的太平天國，是否代表了驅除異族的歷史大趨呢？助清平定太平天國的曾國藩又當判為賢抑奸呢？恐怕要看站在什麼立場來說話了。在台灣的蔣總統對曾國藩推崇備至，視為人間的典範；然而在中國大陸卻認為曾國藩是助滿反漢的漢奸，反視太平天國的領袖為恢復國族基業的英豪。可惜的是太平天國失敗了。歷史上的「成王敗寇」也常常左右了史家的判斷，因此對太平天國的諸王多無好評。在北方民間所謂的「長毛之亂」，指的就是太平軍。由此觀之，所謂曹操違反了歷史大

趨，實在形同空話；落實了講，只能說曹操不幸生於亂世，所以才會有「治世之能臣，亂世之奸雄」的說法。

　　錢先生又說：「所以我要諸位讀史，能注意人物賢奸。先問其人之品，再論其人之事。」（錢穆 1970a：88）這句話其實應該倒過來說，即「先論其人之事，再論其人之品。」如不先論其人之事，又何以知其人之品呢？前人評定歷史人物，常以「成敗論英雄」，也就是說從一個人物產生的影響來定其人品。其實這也並不是「中國人在人文學上的一番大發明」，西方人也以上帝與魔鬼的區別來定人之善惡。然而在西方，自「上帝死亡」以後，自生理學、心理學的研究成為一般常識以後，人皆知結果不能決定動機，而動機又常常超出善惡的二分法之上，因而我們更相信世間鮮有無惡的善人與無善的惡人。孟荀不過是抓住了人性的一面盡情發揮而已，真正的人性應該是不善不惡，又善又惡，可善可惡的。我們充其量只能說某歷史人物甲對後代產生了壞的影響，某乙則否，卻難以推定某甲為奸，某乙為賢，更不能說「好人做不出壞事來，壞人做不出

好事來。」沒有生理學與心理學為基礎的所謂善惡的判定，只是人們主觀的臆說而已，要說是「已成歷史定論」，也是某些人主觀之定，而非客觀之定。

　　第二個問題：人物的賢奸是否就是決定歷史進展的要素？錢先生認為曹操下開六百年弒篡相承的局面，使中國歷史陷入一中衰時期。（其實錢先生在同一篇文章裡又說：「我們切莫認為一人可以單獨做一件事，至少這樣想是不科學的，或說是不民主的。每一件事，必得有很多人合作。」（錢穆 1970a：70）這段話跟評曹操一人決定六百年歷史的言論是相矛盾的。薩孟武先生就不同意如此說法，他在評《史學導言》一文中說：「錢穆先生之《史學導言》曾提到許劭批評曹操為『治世之能臣，亂世之奸雄』，是則曹操之為『能臣』或為『奸雄』，曹操本身不能決定，決定之權在於世之治亂。」（薩孟武 1970）也就是說環境之影響個人大於個人之影響環境。我們不能說個人，特別是特出的個人，對歷史全無影響，但如說一個人可以影響六百年之弒篡相承，則未免過於誇大了。試想

三國時如沒有曹操，甚至沒有孫權，劉阿斗是否能保得住劉家的天下而無弒篡發生，則是大成問題的。這倒並非劉阿斗、曹芳等人是歷史上最無能的統治者，而是環境使他們保不住自己的皇位。如果我們照錢先生的意思說這種環境乃由曹操一手造成，那未免太輕視經濟的和社會的因素，好像一部二十五史只是玩弄在幾個傑出人士的股掌之上一般。這正跟《說岳傳》的作者把北宋之亡一股腦兒推在秦檜身上如出一轍。批判歷史人物，正與發掘歷史之真相密切相連。在我們這個時代來發掘中國歷史之真相，首先即須撥開傳統觀念的煙幕。如像錢先生所說的「標準古人早已決定了，二十五史即沿此標準而來」，那我們今後只須沿此標準續修二十六史、二十七史就好了，對古代的歷史不須再加以批評或研究，也不須再發掘任何未發現的真相了。

　　我們今日看歷史，應認清歷史的進展性，歷史是不會倒退的。雖然有時候表面上看來混亂，但這種混亂仍然暗藏著一種進步在內。要說魏晉南北朝比之於兩漢為一歷史的倒退時期，

我們期期以為不可，因為如無六朝的鋪路工作，大唐的文明又從何而來？歷史所走的雖然可能是一條迂迴的道路，但就如長江、大河一往直前是不成問題的。個人有時雖對歷史產生一定的影響，其影響比起客觀影響歷史的因素來，仍然是有限的。主要決定歷史的因素還在群體以及群體所處的自然、經濟、社會等種種客觀的條件。因此我們覺得「世運興衰」雖是研究歷史的大題目，「人物賢奸」則不過是小關節而已，這種小關節對歷史起不了主導的作用。研究歷史的任務，既然首先在求歷史之真相，從而尋求歷史的客觀規律，其次乃在綜合出一番成敗得失之道，為今日吾人之社會生活、經濟生活、政治生活之借鑑，而不應把來只放在個人德行修養教科書的水平上。

　　從錢先生的這篇《史學導言》看來，我們可以大膽地說，錢先生的史觀是極端主觀唯心的，主觀與唯心則是常常相輔而行。因其過於主觀，才說出許多不太客觀的話來，像以上我們所引對中西史學之比較以及對中國歷史之評論。又如他說：「所以我們要讀中國史，一部二十五史稱為正史的已很難讀，

很多材料並不在正史內，又不在史部內，而又為我們所不能不知。一面可見中國文化積累之博大深厚，一面又見中國史書既極豐富亦極精鍊。」（錢穆 1970a：72-73）中國史籍之駁雜難讀謂為之豐富則可，何能謂之精鍊？吾人正以為此乃中國歷史之一缺點，錢先生卻認為是優點，不是主觀是什麼？再如錢先生說：「此刻我要告訴諸位，中國歷史上遇有問題，多在上層，少下層。西方歷史上有問題，多在下層，少在上層。梁任公曾說中國人不懂革命，只會造反。造反只是下層作亂，縱是推翻了上層，但一切改革，則仍在上不在下。西方歷史上像美國、法國大革命，此是由下層來改造上層。我想此或是梁氏說革命與造反之分別。但中國歷史上層有翻覆，下層還是安安頓頓，這可說是我們中國歷史基礎穩固。」（錢穆 1970a：79）上層翻覆下層不動的特徵雖則不能一定說是缺點，但也絕非過人之處。下層不動，只能表示下層缺少活力。試看下層一旦被迫動起來（譬如中共當權後所掀起的種種群眾運動），因為始終不曾動過，一動則如盲人騎瞎馬走峭壁，動成什麼模樣，是

今日有目共睹的了。錢先生對我國固有之事務盡心竭力維護，雖令人感佩，但與其所攻訐的崇洋媚外之視國故無一長物者，不是同出一樣的主觀心態嗎？

　　因為唯心，錢先生才說「形而下的都是糟粕，都要臭腐；形而上的都是神奇，都是菁英。」（錢穆 1970a：50）又說：「並非是許多事蹟成歷史，乃是由歷史演出許多事。」（錢穆 1970a：60）唯心與唯物本來是哲學上一個爭論不休的課題。哲學上的問題是無法實證的，我們無法使宇宙再恢復到渾沌的時期來觀察其一元或二元。對於這類問題，只能如牟宗三先生常說的「理應如此，理應如彼」而已。對於「理應如此」的問題，我們也只能抱著「想當然耳」的態度。事實上也已證明這種唯心唯物的純哲學課題，一旦落到政治實踐中來，就形成了偏巨不全的大弊，給人生帶來莫大的災害與痛苦。其實在學術上，唯心與唯物正可以相輔相成，如以辯證法的術語來說，也就是既矛盾，又統一。或者說一分為二，又合二為一。自然這合二為的一，又可分為二，此二仍復可合二為一。問題是把重

點放在哪裡，如放在二上，便只見其矛盾鬥爭；如放在一上，則可見其和諧統一了。錢先生是崇拜孫中山先生的人，在他的《中國思想史》中曾列孫中山先生為中國現代唯一的思想家（錢穆 1952）。我們知道孫先生是主張心物並重的，可惜錢先生並沒有認識到這一點對治學的重要性。

七、綜論

　　從錢穆先生這四講《史學導言》綜觀起來，我們非常佩服錢先生對我國固有文化之一番真誠維護的心情，同時也非常讚賞錢先生對中國歷史某些精闢的見解，但值得惋惜的是錢先生主要的觀點實在脫離了時代。我們可以用八個字來概括這種缺失，就是「崇古薄今，忽視群眾」。

　　為什麼說錢先生「崇古薄今」？因為錢先生在這篇《史學導言》中一而再，再而三地指出中國的歷史早由周公、孔子定好了前進的方向，後人是不能增添，不能更動的。如違反了周孔的方向，就是使歷史倒轉向後，就會成為曹操一類的奸人。這番言論與錢先生以前的言論也是頗有出入的，譬如他在《中國文化史導論》中就曾說過：「中國人對外族異文化常抱一種

活潑廣大的興趣，常願接受而消化之，把外面的新材料來營養
自己的舊傳統。」（見錢穆《中國文化史導論》第十章：東西
接觸與文化更新，錢穆 1970c）那時錢先生至少承認中國歷史
中是允許增加新材料的。然而既把外面的新材料吸收進來，恐
怕就不只是營養，同時也豐富了舊傳統，舊傳統既經豐富與擴
大，就不能跟原來一模一樣，不管情願與否，也就成了新傳
統。就正如錢先生自己說的：「一杯開水，調進兩匙咖啡，咖
啡就在水裡發生了變化，但水還在那裡，咖啡也還在那裡。再
加進一些牛奶和糖，又變了。但這杯水和咖啡、牛奶和糖也
還都在那裡，這樣你便可以把來喝。這是一路積存，一路變
化。」（錢穆 1970a：49）加了咖啡的水，就已經不再是水；
加了牛奶跟糖的咖啡，也就不再是一杯苦咖啡。同理，加了外
來新材料的舊傳統，就已不再是舊傳統了。這麼解釋，自然不
能讓錢先生首肯。錢先生的意思是雖然吸收了外來的新材料，
舊傳統還依然是舊傳統才行。唯有這事難能，一加一，或只加
零點一，總不會再是一。要使其永遠保持著「一」的價值和形

貌，就得一點一滴也不能加上去。這恐怕也就是為什麼錢先生堅決拒絕採用西方人治史的方法，或至少肯定西方的史學家也有可取之處的原因。

然而要知道，中國從鴉片戰爭以來，早經西方文明的衝擊，每個中國人身上都已經或多或少地沾濡了這一大狂潮的水迹，到了今天就是想細分哪一點是故有的，哪一點是外來的，已經是一種難能的事。與其自羞自惱地把把這一片水迹看作是一身臭狗屎，何不心平氣和地看作是豐富自身的養料？正如錢先生所言：「你若說中國有了一個孔子所以不好，但此卻是無法改，已成了歷史。」（錢穆 1970a：52）我們也可以照樣說：「你若說中國受了西方文明的衝擊所以不好，但此卻是無法改，也已成了歷史。」事實上，若不經此一番西方文明的衝擊，我們偌大的一個大漢民族，在滿清異族的統治下，會墮落到一種什麼程度，也是難言的。西方文明至少教給我們一件可貴的事情：就是把脖子從背後扭回來朝前看。中國文化，自從先秦諸子以降的諸先聖先賢都喜愛搬弄託古改制的把戲，以致

我們的蘄嚮一直是朝後的。我們的大同世界不是在未來，而是在早已過去的遠古三代。我們的聖賢是孟子不及孔子，孔子不及周公，周公較之於堯舜又相差很遠。我們的民族成了一個愈來愈不肖的退化種族。因此我國歷代的大思想家，像漢朝的董仲舒、宋朝的二程、明朝的王陽明，有誰跳得出孔孟的手掌心去？反觀西方，雖然希臘的先哲開了西方文明的先河，但此後康德自是康德，孟德斯鳩自是孟德斯鳩，不必一定要學蘇格拉底，或亞里士多德。黑格爾自是黑格爾，馬克思自是馬克思，到了今天，看樣子西方人也有勇氣把馬克斯丟進歷史的垃圾桶裡去。因此我們有理由說：西方是前瞻的文化，而我國卻是後顧的文化。前瞻的文化雖免不了盲目瞎闖的危險，但總是往前進的；後顧的文化穩則穩矣，只是猶豫徘徊千年如一日！我們今日要學習西方的，就是學習他們往前看的精神，學習他們勇往直前的精神，因而我們應該感謝這一番西學東漸之賜，大可不必看作是中國史上一大災害。夢想擺脫此災害，回復三代之英的時代，早已辦不到了。歷史是進化的，真正的事實是孔孟不

會比我們更文明，堯舜如實有其人，不會比孔孟更文明，不然我們從原始人狀態如何到了今日，豈不是一件不可思議的事了？

說到錢先生的忽視群眾，可以從他治史的態度上看出來。他以為中國歷史的難讀與旁見側出，都是利而不是病，換句話說也就是希望把史學知識永遠掌握在少數幾個高級知識份子的手裡，而不願意使其變成一種大眾的知識。科學精神則適與此相反，是要把知識從少數菁英份子的手中解放出來，使其普及於大眾。

錢先生說：「今天僅講大眾化，學問有時不能大眾化。如大學，豈能開著大門讓大家進？」（錢穆 1970a：18）為什麼大學不可開著大門讓大家進？美國的大學教育相當普及。法國的大學早就開著大門讓大家進。有的人不願進，不肯進，或進了畢不了業自是另一樁事，然而法國的青年人仍嫌不足，而鬧出了五月革命，試圖把教育從資產階級的意識形態中連根拔出。我們今日那能再開倒車，把受教的權力重新送回到士大夫的手裡？

　　由教育錢先生又提到簡體字的問題，他說：「如說中國文字難學，要創簡體字，但若小孩對簡體字仍無興趣，豈能創出一種無字教育來？」（錢穆 1970a：20）簡化文字目的乃在普及教育、普及知識。如對普及知識有益，就沒有不可行之理。自然簡化文字所帶來的其他問題，自當別論。

　　我們古代，禮本來不可下庶人，過份崇古，自會覺得菁英本該與庶人有別。事實上，社會上的菁英份子在社會地位及經濟分配上已經佔盡了便宜，不該在觀念上再強調菁英份子的特權。我們也瞭解，社會地位的完全平等可能是難以達成的烏托邦，但基本人權的平等卻是近代各國都在追求的目標。其實，普及不但不會影響到拔高菁英，在更廣大的基礎上，理應有助於提高的。

　　在我國的近代史上有兩件大事：一件是西學的東漸，另一件是共產黨統治了中國大陸。這兩件事都已成了歷史，要擺脫也是擺脫不了的，要否認也是否認不了的。然而這兩件大事，不論給中國帶來多少痛苦，至少叫中國人認清了兩條不可迴避

的道路：一是不能再崇古薄今，而須眼睛往前看；二是不可再忽視群眾、蔑視群眾，而須視群眾為國家的主人、歷史的動力。這種認識也可以說是從血的教訓中得來的，因此雖然我一向對錢穆先生的人格、學問都非常敬佩，但仍不能不對錢先生的觀念、態度無所置評。所言之處，可能有時流於嚴苛，但這是就學術而言，並無礙於我對錢先生為人、治學的敬仰，想錢先生自會諒察。

兼論中國之前途

最近的一百年間，中國實在遭遇到一個空前動盪飄搖的時代，一不小心就會走上隨風逐浪而去的命運。然而不管中國人民在這一百年間受了多少艱辛痛苦，也不管還有多少人在那裡唉聲嘆氣覺得中國的前途無望，我們卻已經看出中國已經步過了她的危難期，足見中華民族也是個堅忍的民族，也是個經得起考驗的民族。我這裡使用「也是」兩字，主要表示其他民族一樣堅忍，看越南人民在越戰的表現，未使中國的八年抗日戰爭專美於前。生為我們這一代的中國人，正應該對中國的前途抱著十分的信心與樂觀的態度，絕不該灰心氣餒悲觀絕望。

　　我們對中國的前途樂觀而具有信心，並非說要隨波逐流，任其所之。做為國民的一份子，每個人都有義務，也有責任提出他對國家前景的看法，如因此引起廣泛的注意和討論，也許可以使我國得以避免一些曲徑歧途，而更容易步上康莊大道。這也就是我在評錢穆先生的《史學導言》的同時，兼論中國前途的用意。以下分兩點加以討論：第一點關於中國人的生活方式，第二點關於今後中國的國體與法制。

一、生活方式

首先必須認清楚的是中國自經西潮衝擊之後，中國人的生活方式已經發生了根本的改變，要想再恢復鴉片戰爭以前的生活方式已經是件不可能的事了。其次，中國自共產黨統治了大陸以後，中國人的心態和生活方式又發生了很大的變化，要想恢復共產黨統治以前的模樣，也同樣的不太可能。我們必得承認歷史事實，從現階段的中國人的實際生活方式作為立論的出發點，來看今後中國人的生活方式將如何以及當如何。

大家都不能否認中國本是個家族本位的國家，家族是社會組織的基本形態，也是生產的基本單位，倫理則是意識形態的上層建構。這種源自周代「宗法制度」的社會基本型態以及以「孝道」為基礎，以「長幼有序」為規範的家族論理持續了

至少已經兩千多年而無大變化，應該說早已根深蒂固，不易動搖。誰想到一經歐風東漸，即成飄搖之勢，再經共產黨的社會改造及思想改造，此兩千年之根基竟在短短一個世紀間改頭換面。雖然像錢先生這一代的人仍然緬懷留戀於過去的大家庭制度，而訾一夫一妻的小家庭制為「向外國學樣」，然而那種五世同堂的舊夢恐怕是一去不返了。馮友蘭氏在他的《新世論》一書中曾經指出：「在某種底生產方法之下，社會必須有某種組織，人必須有某種行為。」（馮友蘭 1940）他這種本於唯物史觀的立論，雖受到梁漱溟先生的批評（見梁著《中國文化要義》第二章：從中國人的家庭說起，梁漱溟 1949），但我們在接受梁先生所提出的例外情形之後，仍不能不承認馮氏的觀點大致是不錯的，也就是說即使社會組織與人之行為不能百分之百地為生產方法所決定，但生產方法對社會組織與人之行為會產生巨大的影響卻是不容否認的事實。在共產黨當政已有二十多年的今天，生產關係與生產方法若與二十年前相比，可說有了天翻地覆的變化。固然生產工具的改進尚不夠普遍，但生產

方式的改革則可說既深且透，原則上私有財產制幾經流血鬥爭後取消了，農業生產由以家庭為單位的小農經營轉化為合作制及以生產隊為單位的公社制。工業則以公營的工廠制代替原來也是以家庭為單位的手工業。再加政治上有意地對家族制的摧毀，運用下放、勞改、硬性調派、開發邊疆等等強制手段，不旋踵過去的大家庭以及家族都被拆得七零八落，聚族而居已成了歷史陳跡。代之而起的只有一夫一妻跟子女的小家庭制。雖說共產黨也嘗試過集體生活，但在經濟條件和意識觀念尚未能配合之時是難以成功的。我在〈集體制度的遠景〉一文中曾經說過：「所謂真正的『集體制』，那不能徒然建立在行政及生產形式的集體組織上就算了事，而是從道德觀念、心理因素，一直到生產方式、生活方式以及行政組織的重新劃分的一種整體的社會大變革。這種大變革勢必要從下而上地發展起來。假如說在社會的底層真正建立起集體制，那在上層的一般行政組織及中央政權將是種什麼模樣，是今天難以預料的。要是真正的集體的民意反映到最高層的政治組織及政權，那絕不會是一

種專制政權，至少目前的專制政權勢必成為被革除的對象。那麼目前中共政權的少數大倡『民主集中制』者，是否有誠意推行真正的『集體制』，恐怕也是大問題的吧？」（馬森 1969）雖然中共的「人民公社」式的集體制是徹底的失敗了，但他的拆散大家族的組織卻是成功的。即使將來的領導階層有所變化，也難以恢復過去的大家庭制度了。政治的民主與人權的尊重到現在仍付諸缺如。至於經濟制度，只要為人民帶來豐足的生活，就是可行的制度。如果小家庭制適合於今後的生產方式，便沒有理由否任其優越性，更無須以不合國情來恢復聚族而居的大家庭制度，今日自該有今日之國情。何況親情與族情經過文化大革命的摧殘，尚留存幾許？因此今日的中國人心中大概不會再有聚族而居的嚮往了。

　　在科學發展上，那些企圖從我國的固有文化中開出科學精神的宏論及政策，只能視作長久之計，難湊燃眉之效，倒是向外國派遣留學生能夠把西方的先進科學技術馬上接引過來。如今中國已經控制了原子、核子，又擁有了人造衛星，可以說已

突破了世界上尖端的科學技術，今後的工作就是把科學知識普及，把科學技術從國防的重工業推廣到攸關民生日用的輕工業及農業上，那麼在不久的將來中國一般民眾的生活水平可望逐步接近西方國家。如果受了經濟的影響，社會形態與西方差異不大，經濟生活也彼此接近，意識形態自然逐漸縮短距離，那麼與西方國家折衝交往，文化、技術經驗之交流將不會再產生過去之格格不入的情況。我國的衣、食、住、行，也就不一定非要泥於固有的傳統習俗了。

　　就衣著而言，大陸上人民所著的中山裝（或曰列寧裝、毛裝），是一種中西合璧的產品，不過太單調了，並不太符合人民的審美要求。中國人民的集會，看來一片灰藍，被外人譏為藍螞蟻社會。在台灣及海外華僑，則早已西其裝，革其履，全盤西化了。雖有幾個元老過年過節時還喜歡穿穿長袍馬褂，只不過為慰其思古之幽情而已。年輕人如穿長袍馬褂在大街上行走，恐要為人視作怪物。其實長袍馬褂也不過是滿州人帶來的服裝，並非漢人的故物。明朝以前的服飾，今日只見之於舞

台，連愛發思古之幽情的元老們也不敢輕易嘗試。可見衣著乃求其合宜而已。所謂合宜，就是方便、美觀，而審美的觀點則因時而易，不能因為今日的中國人穿了西裝而否認其為炎黃子孫。將來如果中國的經濟情況有所改善，勢必會突破這種單調的灰、藍二色的服裝。

談到食，中國的廚藝在世界上向稱首屈一指，但也並非是絕無僅有，法國人也認為法國的廚藝無與倫比。如拿法國的廚藝與其鄰邦德、英相比，德英的飯食要簡單得多，但卻特富營養，這也可能使英、德兩國人的體魄強於法國的原因。中國的飯食所以精美，一方面自然由於高度文化之積累，另一方面也不能否認其與歷來婦女的沒有社會地位與夫士大夫階級崇尚享樂有關。中國婦女被關在廚房裡，一關數千年，宜乎有特出的創造與發明。但是今日中國的婦女已多半從廚房解放出來，過去無所事事的士大夫階級也變成勞動人民，中國的廚藝看樣子恐怕難以保持同樣的水準。只要有足夠的營養，簡單、粗陋都不成問題。如果有幾個國營飯店保持一部分優秀的廚師、營

養、調味專家，使我國的精美廚藝不致中斷，同時使今後的勞動人民也有不時一快朵頤的機會固然甚好，即使精美的廚藝因此社會的大變動而失傳，也並不嚴重。只要想一想羅馬帝國滅亡前的宮廷盛宴，非但引不起人的食慾，倒令人作嘔。

其實，吃的文化也是經不起外來影響的，中餐館既然可以在歐美遍地開花，西餐館在中國的大都市中早就屢見不鮮。只是在中國視歐美資本主義國家如蛇蠍的時代，西餐館漸次凋零了。但是看看香港和台灣，那就是另一番光景，西餐館及美式速食店愈來愈受到歡迎，香港人吃三明治的次數肯定比吃小籠包或燒餅油條要多得多。中餐雖然美味，但做起來麻煩，在營養與衛生方面可能也不如西餐。既然在港台兩地中國人的飲食習慣暗暗地在發生變化，焉知中國大陸未來不會步港台之後塵，改變飲食的習慣呢？

住的方面，今日的中國也漸與西方趨於一致，一方面是由於西方建築的影響，另一方面也是社會發展的要求，現代的都市寸土寸金，不往高處發展，一定要蓋四合院能行嗎？父母子

女同居的小家庭，也不需要佔地龐大的四合院房子。其實公寓在西方也不是傳統的建築形式，而是在近代大都市興起後為適應小家庭生活才出現的。又譬如在歐洲，以巴黎為例，本世紀以前的建築多沒有浴室的設備，而今日沒有浴室設備是不能想像的事。這說明了居家增添浴室是在歐洲人洗澡成了習慣以後才為建築師重視起來。中國人並非一個不愛洗澡的民族，唐朝的貴妃出浴固然是著名的軼聞，在宋畫中也可看到民間的洗浴圖。那麼，即使沒受西方的影響，到了經濟條件許可的時候，中國人自然也可發展出浴室的設備。如今台灣的建築幾乎完全西化了，像圓山大飯店那樣雖具有中國傳統建築的外型，裡邊也不能不裝設西式的設備。中國大陸的城市目前鮮有新建築，偶爾見之，也是受了蘇聯影響的死板方塊大樓。農村因為經濟的落後，更無新建築可言。但是將來如果經濟獲得改善，肯定也會步上台灣一樣的道路。

　　至於行，汽車、輪船、飛機，都是西方國家發明的，可是今日世界各國均受其利。我們自然不可再抱著乘坐汽車就等

同西化的老觀念。西方也曾分享過我們祖先發明的指南針、火藥、造紙術、印刷術的方便。我們對於他們發明的汽車、輪船、飛機自可問心無愧地坐之、享之。文化技術本來就是沒有畛域的，也不該有畛域之別，焉知未來我們不會發明出別的工具來供世人分享？

　　中國的未來，在衣食住行各方面一定不可避免地，也無須乎避免地，朝著世界共同的大趨前進。這個共同的大趨，目前還是由西方國家領導著。我們覺得，今日也無須乎視追隨此大趨就等同接受西方文化之侵略，或自我矮化。我不妨舉兩個例子來說明此一事實：第一是巴黎的時裝為世界所共仰，巴黎的新裝一出，不但歐洲，遠至香港、日本、北美、中南美，無不風行一時。這些地區又何嘗受到法國一絲一毫的危害？第二是中南美國家除巴西外，都接受了西班牙語為通用語言，誰又能說這些國家仍然是西班牙的殖民地？或仍然接受西班牙的控制？說英語的美國也並不受英國控制，反過來反倒要領導英國。要知道，文化之為物，實在為人類之共產。中國人常愛說

「同化」二字，不過常常指的是以中國文化同化他族而言。請問：為什麼談到同化他族的時候眉飛色舞、得意洋洋？談到為他族所同化的時候，就愁眉苦臉，唉聲嘆氣？細思，是何種心理在作祟呢？難道說就該永遠由幾個強勢文化去同化其他民族，而絕不能為其他民族所同化嗎？難道說非要由中國人來齊家治國平天下，才可以達到大同世界嗎？在今日，至少在年輕的一代中，大國沙文主義，或民族本位主義的思想，已經過時了，已經難以為人所接受了。今後的世界大勢，任何一個民族捨與其他民族協手共進外，別無他途。他人有超出我之處，不妨心平氣和地向人學習；我有超出他人之處，他人也會同樣處理。日本過去接受過中國文化甚大的影響，近代又急速西化，卓有成績，並未使日本人氣餒。如果一味故步自封，只有自絕於人類前進的洪流中。其實，現在來談如何把西方文明安插在中國的固有文化中也已經是多餘的事了，因為事實上在中國人的生活方式上，早已安插了，混融了，要分也分不開來了。這些插入我們生活中的外來因素，其中不乏精華，自然也就難免

糟粕。西方文化所內涵的病菌，當然也會傳染給我們，在此需要我們自己一番反省的精神。也許在我們固有的文化中可以找得到對症的良方，也許找不到，那就只有靠人類共有的智慧來解決了。

上層的意識形態，既然取決於下層的物質建構（雖然也可反過來影響下層的建構），現實明確地顯示給我們，今日中國人的物質生活，已遠離了固有的傳統模式，徒求其意識形態上的復古，毋寧是緣木求魚了。

二、國體與法制

　　一九五八年牟宗三、唐君毅、張君勱、徐復觀四位先生共同具名發表了〈中國文化與世界〉一文，對中西文化均有精闢的見解，特別是有關對中國文化反省的一部分，分析得特別深入，觀點尤其客觀。譬如他們在「中國文化之發展與民主建國」一節中說：「中國文化歷史中，缺乏西方近代之民主制度之建立。中國過去歷史中，除早期之貴族封建制度外，自秦以後即為君主制度。在此君主制度下，政治上最高之權原是在君而不在民的。由此而使中國政治本身，發生許多不能解決的問題。」（曾雍也 1967）如此指出中國古代政治制度的癥結所在，自較一口否認中國過去的專制制度為客觀，為真實。中國歷史上固然不曾有民主政治，然而在中國古代之思想中是否曾

有過民主的傾向呢？孟子的「民為貴，社稷次之，君為輕」，不就是非常大膽的民主宣言嗎？〈中國文化與世界〉一文中也曾言及：「中國過去政治，雖是君主政治，但與一般之西方君主制度，自來即不完全相同。此種不同，自中國最早的政治思想上說，即以民意代天命。故奉天承命的人君，必表現為對民意之尊重，且須受民意之考驗。」以後在實際政事上，又「有代表社會知識份子，在政府中之力量之宰相制度、諫諍君主之御史制度，及提拔知識份子從政之徵辟制度、選舉制度、科舉制度等。這些制度，都可使君主的權力受一些道德上的限制。」雖則如此，然而「只是這些制度本身，是否為君主所尊重，仍只繫於君主個人之道德。如其不加尊重，並無一為君與人民所共認之根本方法──憲法──以限制之。於是中國知識份子，仍可被君主及其左右加以利用或壓迫、放逐、屠殺，而在此情形下，中國知識份子只能表現為氣節之士。此氣節之士精神中，即包含對於君主及其左右之權力與意志之反抗。但此反抗並無救於政治上的昏亂、國家之敗亡。」文中的結論是

「中國政治必須取消君主制度，而傾向於民主制度之建立」。經過西方政治制度的對照之後，近代中國人誰都知道民主制度優於君主制度，誰也都希望中國建立起民主的政治制度來。可是為什麼中國的民主制度總是建立不起來呢？是因為沒有憲法嗎？那麼訂定了憲法之後當政的人是否遵行了呢？這才是問題的關鍵所在。《孟子》中的「民為貴，社稷次之，君為輕」常為崇古的學者引為民主思想我國古已有之的證明，然而光是思想中的民主傾向是否能誘導出民主政治來？兩千多年來沒有任何實例。可以說昨日不曾，今日不曾，明日能成嗎？這是值得我們再思、三思的問題。

　　我國近代領導革命的領袖及學者，無不想憑藉著我國古代一點民主思想的萌芽，直接把西方的民主政治接引過來。西方國家有憲法，我們也制訂憲法；西方國家有議會，我們也選舉議員，組織議會。可是今日的事實已經擺在眼前，孫中山先生的五權憲法成功了多少？台灣的國大代表和立法院成功了多少？中共建立政權以後所制訂的憲法和人代會又成功了多少？

台灣的國代和大陸的人代，到底代表的是什麼人？蔣總統與毛
主席的權力何嘗受到憲法的制約？特別是毛主席，在卸任國家
主席後，仍能操縱國家的大局，比之於古代君主的弄權，有過
之而無不及。使人深深感到，這樣的民主虛有其名而已。可見
建立民主政治的關鍵問題，還不只是憲法與國會，真正的關
鍵，我認為乃在廣大的民眾對民主政治的需要和認識！為何要
把需要和認識並舉？因為認識非來自切身的需要不可，光是從
書本上、報章、雜誌上看來的知識永遠不能成為真正的認識，
只有經過切膚之痛後才成為真正的認識。試看中國，從孟子首
倡民主思想到今日兩千多年了，可是人民始終對民主二字無所
認識。不但一般人民，過去上自黃子貴冑，下至三家村的學
究，都是讀聖賢書的，雖然肯定「民為貴，君為輕」的聖賢之
言，卻從不曾在實踐上予以印證。究為何故？一言以蔽之，就
是中國人民從未感到民主政治的需要。為何無此需要？原因是
中國社會組織與政治制度走了與西方極不相同的一條路。中國
自秦始皇統一天下後，就注定了中國的命運。第一中國一開始

就成了一個版圖極大的國家，無法開出希臘式各自獨立的城邦制度。希臘的城邦制度，因地狹人稀，所以公民皆可直接參與國事，早就養成了參政的經驗與權利義務的認識。例如公民與奴隸、外來者所享權利的嚴格區分，使人深切體會到沒有政治權利生活即沒有保障。中國古代的人民感到的卻是「天高皇帝遠」、「完過糧就是自在王」。秦制地方上雖有郡守、郡尉、縣令長、三老、嗇夫、游徼、亭長等負責民政的地方官，但都是些代表中央下達命令的官吏，卻不是組織人民讓人民參政的。因此中國古代人民，有令則聽之，無令則樂享，從不曾想到自己也有什麼權利。第二，在極大的版圖上建立的是中央集權制度，政權集中在皇帝一人之手，至多也不過在其左右少數人的手中，而且又信仰著國之利器不可示人的，因此形成統治集團與人民大眾脫離的現象，不若西方古代因為經常的宗教祭祀或戰爭可以把當政者和人民團結在一起。第三，中國權利的轉移，在人民的印象中是天授的。西方古代雖亦有神授的觀念，但其選舉執政官（不管是否出自真正的民意）的制度來

源甚早，無形中造成了公民當政的潛意識。中國人民則從不曾
夢想到可以選舉皇帝。第四，西方人宗教意識強，尤其在基督
教勝利之後，宗教生活加強了平等、團結的觀念。中國古人則
只有家族觀念，國家團體（超族群的團體）意識至為薄弱，這
也是忽略政事的原因之一。第五，西方古代階級對立尖銳，例
如羅馬時代的貴族（patricians）與平民（plebeians）的抗爭，
法國大革命時代貴族、平民及中產階級的爭奪政權，使西方人
自古對政權即看成為一種具有切膚之痛的大事。中國的階級自
古即不甚明顯，不論是農民起義或流寇作亂，多因天災人禍所
迫，卻非因為階級壓迫而爭奪政權，所以從不曾有過西方式的
階級革命，因此一般人民一向認為政權與我無干。這也就是為
什麼錢先生會說「中國歷史上層有**翻覆**，下層還是安安穩穩」
的原因。第六，中國的中央集權與廣大的人民完全脫離，所以
雖有暴君，只能暴其左右大臣，不像西方的暴君災及庶民，使
中國人民不會感覺有向皇帝討民主的需要。以上僅舉其犖犖大
者，即可看出中國古代雖有民主思想的萌芽，但因中國的社會

組織及政治制度的特殊，一者不曾給人民參政的機會，二者不能使人民感覺有參政的需要，忽然要求他們認識民主的重要，不是問道於盲嗎？西方人之所以不惜以流血來換取民主者，乃因他們的歷史告訴他們若在政治上沒有地位即難以生存。幾千年來積成的一口憤懣之氣，在近代才開出民主的花朵來。中國古人即使沒有政治地位，在家族的護佑下，亦無礙生存。如說西方人靠政治地位而生活，中國人則是「在家靠父母，出外靠朋友」，民主於我何有哉？在這種情形之下，只靠幾個知識份子的主觀願望，想把西方人幾千年來灑熱血、拋頭顱凝聚而成的「民主」輕輕易易地搬過來，又怎會成功呢？我們不該去指責當政者不肯給人民民主，西方的民主也不是當政者給的，而是人民自己爭取來的！我們的人民自己不去爭取，只怪當政者獨裁、專制，又有何用？即使遇到肯行民主政治的當政者，面對對民主漠不關心的人民，也會心冷的吧！

　　我們也覺得錢穆先生所謂「上層翻覆，下層安安穩穩」的說法有問題。即使是中國歷史的基礎穩固，即使是我們這條路

走對了，一件事如不比較總是對的，一比較才會看出高下。中國的社會組織與政治制度所以處於劣勢者，乃是受了西方的社會組織與政治制度的對照以後的事。從前中國人一直以為自己的文化高人一等，到了這時才不得不承認我們的文化已經有相當長的時期停滯不前了，最少也是進展得太過緩慢，連最最保守的人也不得不承認我們有向西方學習科學與民主的必要。

中國人到了今日，也成為一個需要民主的民族。我們的祖先不曾需要，那是因為他們沒有民主也可以生存。現在我們若沒有民主便無法生存。不是我們自己無法生存，而是那些民主的國家不容我們生存，我們是被迫投入這一個民主的洪流中的。可是我們剛說過我們歷代不曾出現過民主，今日仍沒出現民主，民主對我們既是這般緊要，然則將來能不能出現民主呢？我認為能！理由是：民主制度既是由民來作主的，則絕不能由上而下地來完成，非要由下而上推動不足以真正建立。這也就是中國古代雖早已有民主的思想，而卒不能開出民主制度的主要原因。為何說將來就有出現民主的可能呢？那是因為共

產黨二十年的暴政給中國打下了民主的基礎。既是暴政，何以言為民主打下了基礎呢？其實道理很平常，只要看看西方的歷史，西方的民主不正是從暴力下蛻化而來的嗎？十八世紀法國平民的遭遇，中國過去的平民何嘗遭遇過？因為平民受不了貴族統治階級的壓迫，才激成一七八九年的大革命，由是唱出了「自由、平等、博愛」的口號。中國直到一九四九年，如錢穆先生所言社會下層從未有過真正的翻覆，中國共產黨當政以後才把這數千年安安頓頓的下層翻了過來。中國本不曾有過嚴格的階級，可是毛澤東一定要把中國社會按照西方的前例分成地主階級、買辦階級、中產階級、小資產階級、半無產階級、無產階級等（毛澤東 1964：3-9）。中國過去若說有階級，其間並不曾有像西方那般的深仇大恨，可是共產黨一定要說有血海深仇，於是像唐吉可德向風車宣戰似地中國共產黨也朝著階級鬥爭進軍了。不管是無中生有也罷，以假為真也罷，中國這二十年來經過土地改革、三反、五反、反右鬥爭，直到文化大革命，這些無休無止的階級鬥爭，無不是血裡來血裡去地真刀

真槍演出。不止是知識份子，就是一個簡單的農夫、工人，今天也深深地明白做為右派、做為黑五類、做為走資派、做為反革命、做為牛鬼蛇神的可怕。自然也懂得了沒有政治地位是無法生存的道理。要想取得自己的政治地位，向統治者乞討是無用的，唯一的方法就是真刀真槍地去鬥爭、奪權，除此之外別無他途。經過這二十年的暴政鍛鍊，已經使中國人民認識到若不把政權奪在人民自己的手裡，人民是無法生存的。如果這一股憤懣之氣將來也會開出民主的花朵來，那麼中國共產黨的功勞在中國歷史上是不可磨滅的。這二十年中國人民所遭受的苦難趕過了西方好幾個世紀，那麼成就也將趕過西方好幾個世紀，所以暴政倒也是中國所需要的。從暴政躍到民主，才是真正的大躍進，缺此一躍則民主實現無期！

　　民主政治之實現，除了以人民自己對民主的需要與認識做為基礎以外，還須有個附帶條件，就是國家之獨立、自主，特別是經濟上的獨立自主。有了國家的獨立、自主，配合上人民對民主的要求，才有實現民主制度的希望。不然，倘若一個國

家的經濟命脈操縱在其他國家的手裡,處處受外力的干預,就是有憲法、有國會,有選舉,所實行的仍然是假民主,中南美洲和亞洲有些國家就是明顯的例證。對於這一點,中國人不得不仍然感謝中國的所謂革命政權的努力,使中國終於擺脫掉帝國主義勢力的箝制,走上了獨立自主的道路。

然而,雖有了實現民主制度的客觀條件,也只能說有實現的可能與希望,並不能保證必可實現。實現的時程也會有遲速之別。欲期其必定實現,欲期其速現而非遲現,還須要依靠中國全體人民對民主的信心以及促其實現所做的努力。

民主制度的前例在西方的資本主義國家,而不在社會主義國家,在國體與政府組織上仍不能不借鑑西方資本主義國家的制度。譬如,美國的聯邦制就很有參考的價值。蓋中國為一大國,實行中央集權實不容易,如勉強行之,恐難以跳出歷史上一亂一治的覆轍。且中央集權雖不一定不能發揮民主的精神,但總與民主的實施是違拗的。是以我過去曾在香港的《展望》雜誌發表過一篇文章,提出以聯省的政府替代中央集權政府,

指出中央集權政府在今日的流弊謂：「漢唐盛世中國都曾有一個強有力的中央集權政府，不過那時時候跟現在的條件是大不一樣的：第一、那時候在地理上的版圖沒有今日大。第二、那時候是君主政權，君主是應天命而生的，老百姓只有俯首聽命的份兒。第三、那時候異族不多，漢族以壓倒的勢力、以征服者的姿態統治著少數的異族。這些條件，現在都完全不存在了。今日在一個版圖如此之大，種族如此之複雜，而民主思想又已進入了人民腦中的時代，再來建立一個強有力的中央集權政府，就免不了矛盾百出。最大的幾個矛盾就是：專制與民主的矛盾、中央政權與地方勢力的矛盾、漢族與少數民族間的矛盾、漢族中不同族群間的矛盾等。如果對這些矛盾不予客觀地、合理地解決，卻一味掩飾、欺騙，或把矛盾的鋒芒強力壓下去，自然會造成流弊橫生的局面。」（馬森 1970）。因此我提出省聯政府的構想。目前看來雖是紙上談兵，但亦未始不可與未來國人尋求民主的傾向相配合，因為要建立真正的民主制度，我們現在已經看出來，憲法與國會都不是絕對不可或缺

的，只有一項是絕對不可或缺的：那就是讓人民自己來具體地真實掌控政權。我們也都知道制訂一部憲法不是大難事，組織一個國會也不是大難事，而唯有讓人民來掌控政權卻真是大難事。法國的全民公投，可以使戴高樂掌權，也可使戴高樂下台似乎看來政權已經掌握在人民的手裡，可是事實上未必盡然，否則法國便不該再有如此頻繁的政治和社會問題。法國是一個有民主觀念基礎的國家，又是小國寡眾，尚且如此，何況中國這麼一個沒有民主經驗的大國！困難固然困難，卻不該被困難嚇倒。正因其困難，才更足以刺激有志之士的勇氣。我們應該鄭重地加以討論，看到底如何才是可行之道。

首先，我們覺得政體的變革因勢乘便較易，全盤改變則難，因此就沒有必要一定要把目前中國的政府組織徹底改組。所應改革者乃在中央政府，應該及早地把一部分權力下放到各省去，特別是立法權及維持地方治安的警察權。說是因勢乘便，就是寄望各地在文化大革命中奪得政權的地方勢力，不要把已經奪得的權力輕易放歸中央去。如要放歸一部分回去，應

該經過磋商的方式，也就是說設法使未來的中央政府建立在地方權力聯合的基礎上。我們覺得只要一部分權力歸於各省地方（今日既沒有世襲的觀念，又有中央政府的監督和其他各省的對比，便不怕有軍閥割據的局面出現），慢慢地自會轉入已經有了政治警覺和民主要求的人民手裡。

　　然而要保障民主政治施行有效，尚應有法治的配合才行。我國雖早有商鞅、慎到、申不害、韓非等開了法治的先河。但他們乃著眼於統治階級如何有效的管制人民，卻從未思及如何保障人民的權利，因此與西方的法治觀念基本有別。是故中國的法家思想比之於儒家思想更為不民主，更不可依恃。在歷史上，法家思想也不曾敵過儒家的倫理思想的力量，以致我國人一向以倫理代法理，以道德代法律，以情感代理智（我不認同梁漱溟先生在《中國文化要義》第七章「理性——人類的特徵」中認為中國人是一個理性的民族，也不贊同梁氏將理智與理性分離的說法。）所謂重理性與否乃比較而言，因為凡人皆有理性也。如較之於西方人，我國人則比較輕理性而重感情。

我比較同意牟宗三先生在《歷史哲學》第一部第三章「平等與主體自由之三態」中的說法。他說：「道德的主體自由使人成為『道德的存在』，藝術的主體自由使人成為『藝術的存在』，思想的主體自由使人成為『理智的存在』，政治的主體自由使人成為『政治的存在』。中國所充分發展的是前兩者，西方所充分發展的是後兩者。」（牟宗三 1955）因此在我國歷史上才會法政不分，才會先酌情而後論法。像雨果的《悲慘世界》中那種因無法解開人情與法理間的矛盾而自殺的官吏，在中國是不會出現的。這可說既是中國人的長處，也是中國人的缺點。事實上西方人那種以法論法的冷冰冰的理智態度有時是不近人性的。但中國人的過度泥於情，卻又易於流為枉法滅紀的混亂狀態，特別是最近的文化大革命更顯示出法律在中國之無效來。沒有法，也就等於沒有客觀的標準，有勢有力者皆可胡作非為，一般人的安全便沒有保障，遑論乎實行民主政治！法律正是對強者的限制，對弱者的保護，所謂王子犯法與民同罪是也。法律一旦制訂，即須人人遵守，若發現其有不合情理

之處，自當修正之，更改之，絕不可枉法毀紀。不幸的是中國人一向不曾有守法的習慣，是否今後可以培養出守法的精神，倒是值得令人擔心的。也許中國人在嚐夠了「老和尚打傘」無法無天沒有法律保障的苦頭後會憬然覺悟，非法治不足以保民主，但也可能積習難改。蓋法治不但出之於理性，且積自習俗。我國人既不長於理性，又缺此習俗，是以難以驟然養成法治的精神。唯一可行之道，繫於司法之獨立。各省之司法獨立權由中央政府監督之、保障之，一切刑事、民事訴訟與判決皆由各自獨立的地方法院處理之。在民主政體下，應該再沒有政治犯或思想犯。各省可設自成系統之各級法院，但無須乎一全國性之最高法院，以俾各地方法院根據各省之地方因素立法及司法，只受中央政府之保障而勿須接受中央之命令或受其控制。如此法治精神庶幾可慢慢培養起來，逮法治已有基礎，而後始言憲法、議會不遲也。

三、結語

　　在五四時代，當新舊之爭正熾烈之時，以維護我國固有文化自任的保守派咸視革新派為洪水猛獸，其偏激之處，舉凡固有之物，無論臃腫癍瘤，概以國粹視之。辜鴻銘即曾為我國之納妾辯稱：「只見一堆茶杯圍繞著一把茶壺，未見一堆茶壺圍繞著一個茶杯。」是以男人納妾是合理的制度。時至今日，恐無人再敢興此高論；即使仍有納妾之癖的人，也無不偷偷摸摸自以為不可見人的勾當矣。這足以表明，時代是往前推進了，生活已經起了變化，而道德觀念亦非固有。不幸有些年長的人，仍然拒絕正視現實，繼續沉睡在懷古的夢裡，且以此來教導後進，殊知逝者如斯夫不捨晝夜的光陰是不斷前進的。今日又何能恢復昔日聚族而居的大家庭制度？誰又有這個力量長此

以往地把高等教育緊抓在小部分特權階級的手裡？

　　上個世紀法國的歷史學家古朗士（N. D. Fustel de Coulang-es）曾有一段話批評歐人對待古希臘、羅馬的態度很值得我們參考。他說：「歐洲教育方法常常使我們自童年即熟於希臘、羅馬，於是習慣將他們不斷的與我們相比，按照我們的歷史去批評他們的，或按照他們的革命以解釋我們的，從他們所遺留至今的事物，使我們以為他們與今人相似；欲視他們為外人，頗覺困難；幾乎時常誤認他們即是我們。由此生了無數錯誤。以近代議論與事物去看他們，自然不能不錯看古人了。這種錯誤並且含有危險，誤解希臘、羅馬的思想常擾亂近世。因錯誤觀察古代城邦制度，近人常欲將他復行於當世，且對於古人自由發生幻想，只此即足使近代自由發生危險。最近八十年的經驗，足可證明近代社會進步的極大阻力，在於近人的心目中，長存有希臘及羅馬的古代。欲明悉古代人民的真確情狀，最合理的方法，即研究時不要想到我們自己，認他們完全是外人，與研究古代印度史或亞拉伯史一般的自由與無所顧慮。如是觀

察，然後知希臘及羅馬有絕不可仿效的性質。近代無一與他們相似，將來亦不能有所相似。說明管理那種社會的定律以後，自然容易明悉那些定律再不能管理人類了。」（古朗士 1955）

可見崇古、模古、復古的風氣非我國所獨有。以崇古、復古的態度來研究歷史，固然難得歷史之真相，以此態度來教育後進，更易使未來的人誤入歧途。這一個世紀以來，西方人雖在社會問題上、經濟問題上、政治問題上遭遇到種種的困難，但無人再倡復古，可以說他們已認識到歷史的進化性。古豈可輕易復哉？我國的漢唐盛世，其所以稱為「盛」，乃據一定的歷史階段而言；如叫今人再恢復到漢唐時代的生活，在家無自來水、無電燈，出門無汽車等等，就只物質生活一項，恐怕就難以忍受，遑論精神生活乎？

我們不主張崇古、模古、復古，並非說古人沒有值得吾人借鑑之處，否則即無須乎研究歷史。然而要想取鑑於古為今之用，首先必認清古代之真相，不要以我們自己的假想遮避了我們的眼睛。如要明其真相，就該把古人、古事看做一個客體，

再拿來研究。這也並非說在對待客體的時候不容有感情，但總不能使感情任意氾濫，溢出了理智的常軌。說到底，縱使視其為生命之學，史學總是一門科學，與對待文學與藝術的態度不應相同。

所以「知古而後知今」一語，應該就其古今相異之處著眼；更不可先有成見在前，認為凡不同於古者皆非。如今必似古，人類又何得進步？論到今後一個國家、一個民族的去向，也不能跳過當前而硬把未來安接於極遠的過去。當知「今」固然從「古」而來，然已非「古」；「未來」固然從「今」而出，然必亦非「今」。因此如論到我國之前途，與其就周公、孔子立論，莫若把眼光放在當代，特別是對近代西學東漸與共產黨當政這兩件大事切不可輕易忽略過去。

一九七〇年七月二十九日脫稿於墨西哥城

參考資料

中文：

毛澤東，1964：〈中國社會各階級的分析〉，《毛澤東選集》，北京人民出版社。

古朗士，1955：《希臘羅馬古代社會史》（*La cite antique*，李宗侗譯），台北中華文化事業出版委員會。

牟宗三、唐君毅、張君勱、徐復觀，1958：〈中國文化與世界〉。

牟宗三，1955：《歷史哲學》，台北強生出版社。

杜維運，1966：《與西方史學家論中國史學》，台北中國學術著作獎助委員會。

明報月刊，1972：〈「中華文化與中國之路」論集〉，香港《明報月刊》，1月第7卷第1期，頁2。

侯外盧，1955：《中國古代社會史論》，北京人民出版社。

范文瀾，1965：《中國通史簡編》，北京人民出版社。

姚一葦，1966：《詩學箋註》，台北國立編譯館。

馬　森，1969：〈集體制度的遠景〉，香港《展望》雜誌，12月第188、189期。

馬　森，1970：〈中國省聯政府的構想〉，香港《展望》雜誌，4月第196期。

馬　森，1972：〈中國民主政制的前途〉，香港《明報月刊》，1月第7卷第1期，頁3-8。

馬　森，1973：〈中國的家庭制與衣食住行〉，香港《明報月刊》，2月第8卷第2期，頁21-23。

梁漱溟，1949：《中國文化要義·緒論》，成都路明書店。

郭沫若，1962：《奴隸制時代》，北京科學出版社。

郭寶鈞，1950：〈記殷周殉人之史實〉，3月19日《光明日報·學術》。

馮友蘭，1940：《新世論》（貞元六書）。

張東蓀，1968：《理性與民主》，台北墾丁文物供應社。

曾雍也，1967：〈中國文化的曙光〉，香港《明報月刊》第2卷

第5期。

楊尚逵，1962：《中國古代社會與古代思想研究》，上海人民
　　　出版社。

楊鈞實，1970：〈讀史學導言第一、二講〉，4月9~10日《中
　　　央副刊》。

魯　迅，1967：〈雜感錄三十五〉，《熱風》，香港新藝出
　　　版社。

翦伯贊，1950：〈怎樣研究中國歷史〉，11月《新建設》，第3
　　　卷第2期。

翦伯贊，1957：〈資產階級右派在歷史學方面的反黨反社會主
　　　義活動〉，9月23日《北京大學學報》，第三期。

錢　穆，1970a：《史學導言》，台北中央日報社。

錢　穆，1970b：〈與青年書之一〉，《中央月刊》2月第2卷
　　　第5期。

錢　穆，1970c：《中國文化史導論》，台北正中書局。

錢　穆，1952：《中國思想史》，台北中華文化事業出版委

員會。

薩孟武，1970：〈評《史學導言》〉，4月10日《中央副
　　刊》。

外文：

Barnes, Harry Elmer,1925：*The New History and the Social Studies*,
　　New York: The Century co.

Barnes, Harry Elmer,1948：*An Introduction to the History of Sociol-
　　ogy*, Chicago: University of Chicago Press.

Barnes H.E.："History: Its Rise and Development" in *Encyclo-
　　pedia Americana*.

Beasley, W. G. &. Pulleyblank, E. G, 1961：*Historians of China
　　and Japan*, London: Oxford University Press.

Bury, J.B., 1909: *The Ancient Greek Historians*, New York, Mac-

millan.

Gernet, jaques,1959：*La Vie quotidienne en Chine à la veille de l'invasion mongole*, Paris, Hachette.

Granet,M.,1919：*Fêtes et chansons anciennes de la Chine*, Paris: presses Universitaires de France.

Granet,M.,1959：*Danses et Légendes de la Chine ancienne*, Paris: presses Universitaires de France.

Needham, Joseph, 1954- ：*Science and Civilization in China*, Cambridge University press.

Robinson, J.H., 1912：*The New History*, New York: Yale University Press.

Shotwell, James T., 1922: *An Introduction to the History of History.*

Weber, Max, 1968：*The Religion of China: Confucianism and Taoism* (translated & edited by Hans H. Gerth; with an introd. by C. K. Yang) , Glencoe, Illinois, The Free Press.

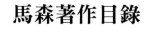

馬森著作目錄

一、學術論著及一般評論

《莊子書錄》，台北：台灣師範大學國文研究所集刊，第二
　　期，一九五八年。

《世說新語研究》，台北：台灣師範大學國文研究所，
　　一九五九年。

《馬森戲劇論集》，台北：爾雅出版社，一九八五年九月。

《文化・社會・生活》，台北：圓神出版社，一九八六年一月。

《東西看》，台北：圓神出版社，一九八六年九月。

《電影・中國・夢》，台北：時報出版公司，一九八七年六月。

《中國民主政制的前途》，台北：圓神出版社，一九八八年七月。

馬森、邱燮友等著《國學常識》，台北：東大圖書公司，
　　一九八九年九月。

《繭式文化與文化突破》，台北：聯經出版社，一九九〇年一月。

《當代戲劇》，台北：時報文化出版社，一九九一年四月。

《中國現代戲劇的兩度西潮》，台南：文化生活新知出版社，
　　一九九一年七月。

《東方戲劇・西方戲劇》（《馬森戲劇論集》增訂版），台
　　南：文化生活新知出版社，一九九二年九月。

《西潮下的中國現代戲劇》（《中國現代戲劇的兩度西潮》修
　　訂版），台北：書林出版公司，一九九四年十月。

馬森、邱燮友、皮述民、楊昌年等著《二十世紀中國新文學
　　史》，板橋：駱駝出版社，一九九七年八月。

《燦爛的星空——現當代小說的主潮》，台北：聯合文學出版
　　社，一九九七年十一月。

《戲劇——造夢的藝術》，台北：麥田出版社，二〇〇〇年
　　十一月。

《文學的魅惑》，台北：麥田出版社，二〇〇二年四月。

《台灣戲劇——從現代到後現代》，台北：佛光人文社會學
　　院，二〇〇二年六月。

《中國現代戲劇的兩度西潮》再修訂版，台北：聯合文學出版
　　社，二〇〇六年十二月。

〈台灣實驗戲劇〉，收在張仲年主編《中國實驗戲劇》，上
　　海：上海人民出版社，二〇〇九年一月，頁一九二──
　　二三五。

《台灣戲劇──從現代到後現代》（增訂版），台北：秀威資
　　訊科技，二〇一〇年十二月。

《戲劇──造夢的藝術》（增訂版），台北：秀威資訊科技，
　　二〇一〇年十二月。

《文學的魅惑》（增訂版），台北：秀威資訊科技，二〇一〇
　　年十二月。

《文學筆記》，台北：秀威資訊科技，二〇一〇年十二月。

二、小說創作

馬森、李歐梵《康橋踏尋徐志摩的蹤徑》，台北：環宇出版
　　社，一九七〇年。

《法國社會素描》，香港：大學生活社，一九七二年十月。

《生活在瓶中》（加收部分《法國社會素描》），台北：四季
　　出版社，一九七八年四月。

《孤絕》，台北：聯經出版社，一九七九年九月，一九八六年
　　五月第四版改新版。

《夜遊》，台北：爾雅出版社，一九八四年一月。

《北京的故事》，台北：時報出版公司，一九八四年五月，
　　一九八六年七月第三版改新版。

《海鷗》，台北：爾雅出版社，一九八四年五月。

《生活在瓶中》，台北：爾雅出版社，一九八四年十一月。

《巴黎的故事》（《法國社會素描》新版），台北：爾雅出版
　社，一九八七年十月。

《孤絕》（加收《生活在瓶中》），北京：人民文學，
　一九九二年二月。

《巴黎的故事》，台南：文化生活新知出版社，一九九二年二月。

《夜遊》，台南：文化生活新知出版社，一九九二年九月。

《M的旅程》，台北：時報出版公司，一九九四年三月（紅小
　說二六）。

《北京的故事》，台北：時報出版公司，一九九四年四月（新
　版、紅小說二七）。

《孤絕》，台北：麥田出版社，二〇〇〇年八月。

《夜遊》，台北：九歌出版社，二〇〇〇年十二月。

《夜遊》（典藏版）台北：九歌出版社，二〇〇四年七月十日。

《巴黎的故事》，台北：印刻出版社，二〇〇六年四月。

《生活在瓶中》，台北：印刻出版社，二〇〇六年四月。

《府城的故事》，台北：印刻出版社，二〇〇八年五月。

《孤絕》（最新增訂本），台北：秀威資訊科技，二〇一〇年
　　十二月。

《夜遊》（最新增訂本），台北：秀威資訊科技，二〇一〇年
　　十二月。

三、劇本創作

《西冷橋》（電影劇本），寫於一九五七年，未拍製。

《飛去的蝴蝶》（獨幕劇），寫於一九五八年，未發表。

《父親》（三幕），寫於一九五九年，未發表。

《人生的禮物》（電影劇本），寫於一九六二年，一九六三年
　　於巴黎拍製。

《蒼蠅與蚊子》（獨幕劇），寫於一九六七年，發表於
　　一九六八年冬《歐洲雜誌》第九期。

《一碗涼粥》（獨幕劇），寫於一九六七年，發表於一九七七

年七月《現代文學》復刊第一期。

《獅子》（獨幕劇），寫於一九六八年，發表於一九六九年
　　十二月五日《大眾日報》「戲劇專刊」。

《弱者》（一幕二場劇），寫於一九六八年，發表於一九七〇
　　年一月七日《大眾日報》「戲劇專刊」。

《蛙戲》（獨幕劇），寫於一九六九年，發表於一九七〇年二
　　月十四日《大眾日報》「戲劇專刊」。

《野鵓鴿》（獨幕劇），寫於一九七〇年，發表於一九七〇年
　　三月四日《大眾日報》「戲劇專刊」。

《朝聖者》（獨幕劇），寫於一九七〇年，發表於一九七〇年
　　四月八日《大眾日報》「戲劇專刊」。

《在大蟒的肚裡》（獨幕劇），寫於一九七二年，發表於
　　一九七六年十二月三—四日《中國時報》「人間副刊」，
　　並收在王友輝、郭強生主編《戲劇讀本》，台北：二魚文
　　化，頁三六六—三七九。

《花與劍》（二場劇），寫於一九七六年，未發表，收入

一九七八年《馬森獨幕劇集》；並選入一九八九《中華現
代文學大系》（戲劇卷壹），台北：九歌出版社，頁一
○七──一三五；一九九三年十一月北京《新劇本》第六
期（總第六十期）「93中國小劇場戲劇展暨國際研討會
作品專號」轉載，頁十九──廿六；一九九七年英譯本收
入*Contemporary Chinese Drama*, translated by Prof. David
Pollard, Hong Kong, Oxford university Press, pp. 253-374。

《馬森獨幕劇集》，台北：聯經出版社，一九七八年二月（收
進《一碗涼粥》、《獅子》、《蒼蠅與蚊子》、《弱
者》、《蛙戲》、《野鵓鴿》、《朝聖者》、《在大蟒的
肚裡》、《花與劍》等九劇）。

《腳色》（獨幕劇），寫於一九八○年，發表於一九八○年
十一月《幼獅文藝》三二三期「戲劇專號」。

《進城》（獨幕劇），寫於一九八二年，發表於一九八二年七
月廿二日《聯合報》副刊。

《腳色》，台北：聯經出版社，一九八七年十月（《馬森獨

幕劇集》增補版，增收進《腳色》、《進城》，共十一

　　劇）。

《腳色——馬森獨幕劇集》，台北：書林出版社，一九九六年

　　三月。

《美麗華酒女救風塵》（十二場歌劇），寫於一九九〇年，發

　　表於一九九〇年十月《聯合文學》七二期，游昌發譜曲。

《我們都是金光黨》（十場劇），寫於一九九五年，發表於

　　一九九六年六月《聯合文學》一四〇期。

《我們都是金光黨／美麗華酒女救風塵》，台北：書林出版

　　社，一九九七年五月。

《陽台》（二場劇），寫於二〇〇一年，發表於二〇〇一年六

　　月《中外文學》三十卷第一期。

《窗外風景》（四圖景），寫於二〇〇一年五月，發表於二

　　〇〇一年七月《聯合文學》二〇一期。

《蛙戲》（十場歌舞劇），寫於二〇〇二年初，台南人劇團於

　　二〇〇二年五月及七月在台南市、台南縣和高雄市演出六

場，尚未出書。

《雞腳與鴨掌》（一齣與政治無關的政治喜劇），寫於二〇〇

　　七年末，二〇〇九年三月發表於《印刻文學生活誌》。

《馬森戲劇精選集》（收入《窗外風景》、《陽台》、《我們

　　都是金光黨》、《雞腳與鴨掌》、歌舞劇版《蛙戲》、話

　　劇版《蛙戲》及徐錦成〈馬森近期戲劇〉、陳美美〈馬森

　　「腳色理論」析論〉兩文），台北：新地文學出版社，二

　　〇一〇年三月。

四、散文創作

《在樹林裏放風箏》，台北：爾雅出版社，一九八六年九月。

《墨西哥憶往》，台北：圓神出版社，一九八七年八月。

《墨西哥憶往》，香港：盲人協會，一九八八年（盲人點字書
　　及錄音帶）。

《大陸啊！我的困惑》，台北：聯經出版社，一九八八年七月。

《愛的學習》，台南：文化生活新知出版社，一九九一年三月
　　（《在樹林裏放風箏》新版）。

《馬森作品選集》，台南：台南市立文化中心，一九九五年
　　四月。

《追尋時光的根》，台北：九歌出版社，一九九九年五月。

《東亞的泥土與歐洲的天空》，台北：聯合文學出版社，二
　　○○六年九月。

《維城四紀》，台北：聯合文學出版社，二〇〇七年三月。

《旅者的心情》，上海：上海人民出版社，二〇〇九年一月。

五、翻譯作品

馬森、熊好蘭合譯《當代最佳英文小說》導讀一（用筆名飛
　　揚），台南：文化生活新知出版社，一九九一年七月。

馬森、熊好蘭合譯《當代最佳英文小說》導讀二（用筆名飛
　　揚），台南：文化生活新知出版社，一九九一年十月。

《小王子》（原著：法國‧聖德士修百里，譯者用筆名飛
　　揚），台南：文化生活新知出版社，一九九一年十二月。

《小王子》，台北：聯合文學，二〇〇〇年十一月。

六、編選作品

《七十三年短篇小說選》，台北：爾雅出版社，一九八五年
　　四月。

《樹與女——當代世界短篇小說選（第三集）》，台北：爾雅
　　出版社，一九八八年十一月。

馬森、趙毅衡合編《潮來的時候——台灣及海外作家新潮小說
　　選》，台南：文化生活新知出版社，一九九二年九月。

馬森、趙毅衡合編《弄潮兒——中國大陸作家新潮小說選》，
　　台南：文化生活新知出版社，一九九二年九月。

馬森主編，「現當代名家作品精選」系列（包括胡適、魯迅、
　　郁達夫、周作人、茅盾、丁西林、沈從文、徐志摩、丁
　　玲、老舍、林海音、朱西甯、陳若曦、洛夫等的選集），
　　台北：駱駝出版社，一九九八年六月。

馬森主編《中華現代文學大系一九八九──二〇〇三・小說
卷》，台北：九歌出版社，二〇〇三年十月。

七、外文著作

1963　　　*L'Industrie cinémathographique chinoise après la
　　　　　sconde guèrre mondiale*（論文）,Institut des Hautes
　　　　　Études Cinémathographiques, Paris.

1965　　　"Évolution des caractères chinois", *Sang Neuf*（Les
　　　　　Cahiers de l'École Alsacienne, Paris）, No.11,pp.21-
　　　　　24.

1968　　　"Lu Xun, iniciador de la literatura china moderna"
　　　　　,*Estudio Orientales*, El Colegio de Mexico, Vol.
　　　　　III,No.3,pp.255-274.

1970　　　"Mao Tse-tung y la literatura:teoria y practica",

Estudios Orientales, Vol.V,No.1,pp.20-37.

1971　　　"La literatura china moderna y la revolucion", *Revista de Universitad de Mexico*, Vol.XXVI, No.1, pp.15-24.

"Problems in Teaching Chinese at El Colegio de Mexico", *Journal of the Chinese Language Teachers Association in North America*, Vol.VI, No.1, pp.23-29.

La casa de los Liu y otros cuentos（老舍短篇小說西譯選編），El Colegio de Mexico, Mexico, 125p.

1977　　　*The Rural People's Commune 1958-65: A Model of Social and Economic Development* (Dissertation of Ph.D. of Philosophy at University of British Columbia, Canada).

1979　　　"Water Conservancy of the Gufengtai People's Commune in Shandong" (25-28 May , The Annual Conference of Association for Asian Studies).

1981　　　"Kuo-ch'ing Tu: *Li Ho* (Twayne's World Series),

Boston, Twayne Publishers, 1979", *Bulletin of SOAS*,
University of London, Vol. XLIV, Part 3, pp.617-618.

"*The Drowning of an Old Cat and Other Stories*, by
Hwang Chun-ming (translated by Howard Goldblartt),
Bloomington, Indiana University Press,1980", *The
China Quarterly*, 88, Dec., pp.707-08.

1982　　"Jeanette L. Faurot (ed.): *Chinese fiction from
Taiwan: Critical Perspectives*, Bloomington: Indiana
University Press, 1980", *Bulletin of the SOAS*,
Unversity of London, Vol. XLV, Part 2, pp.383-384.

"Martine Vellette-Hémery: *Yuan Hongdao (1568-
1610): théorie et pratique littéraires*,Paris, Collège de
France, Institut des Hautes Études Chinoises, 1982",
Bulletin of the SOAS, Unversity of London, Vol. XLV,
Part 2, p.385.

1983　　"Nancy Ing (ed.): *Winter Plum: Contemporary Chinese*

Fiction, Taipei, Chinese Nationals Center,1982", *The China Quarterly*, pp.584-585.

1986　　*"Contemporary Chinese Literature: An Anthology of Post-Mao Fiction and Poetry*, edited with an Introduction by Michael S. Duke for the Bulletin of Concerned Asian Scholars, New York and London, M. E. Sharpe Inc., 1985", *The China Quarterly*, pp.51-53.

1987　　"L'Ane du père Wang" , *Aujourd'hui la Chine*, No.44, pp.54-56.

1988　　"Duanmu Hongliang: *The Sea of Earth*, Shanghai, Shenghuo shudian, 1938", *A Selective Guide to Chinese Literature 1900-1949*, Vol.1 The Novel, edited by Milena Dolezelova-Velingerova, E. J. Brill, Leiden. New York, KØbenhavn Köln, pp.73-74.

"Li Jieren: *Ripples on Dead Water*, Shanghai, Zhong hua shuju, 1936", *A Selective Guide to Chinese*

Literature 1900-1949, Vol.1, The Novel, edited by Milena Dolezelova-Velingerova, E. J. Brill, Leiden. New York, KØbenhavn Köln, pp.116-118.

"Li Jieren: *The Great Wave*, Shanghai, Zhong hua shuju, 1937", *A Selective Guide to Chinese Literature 1900-1949*, Vol.1, The Novel, edited by Milena Dolezelova-Velingerova, E. J. Brill, Leiden. New York, KØbenhavn Köln, pp.118-121.

"Li Jieren: *The Good Family*, Shanghai, Zhonghua shuju, 1947", *A Selective Guide to Chinese Literature 1900-1949*, Vol.2, The Short Story, edited by Zbigniew Slupski, E. J. Brill, Leiden. New York, KØbenhavn Köln, pp.99-101.

"Shi Tuo: *Sketches Gathered at My Native Place*, Shanghai, Wenhua shenghuo chu banshee, 1937", *A Selective Guide to Chinese Literature 1900-1949*,

Vol.2, The Short Story, edited by Zbigniew Slupski, E. J. Brill, Leiden. New York, KØbenhavn Köln, pp.178-181.

"Wang Luyan: *Selected Works by Wang Luyan*, Shanghai, Wanxiang shuwu, 1936",

A Selective Guide to Chinese Literature 1900-1949, Vol.2, The Short Story, edited by Zbigniew Slupski, E. J. Brill, Leiden. New York, KØbenhavn Köln, pp.190-192.

1989　"Father Wang's Donkey"（translated by Michael Bullock）, *PRISM International*, Canada, Vol.27, No.2, pp.8-12.

"The Theatre of the Absurd in Mainland China: Gao Xingjian's *The Bus Stop*", *Issues & Studies*, National Chengchi University, Vol.25, No.8, pp.138-148.

1990　"The Celestial Fish"（translated by Michael

Bullock）, *PRISM International*, Canada, January 1990, Vol.28, No.2, pp.34-38.

"The Anguish of a Red Rose"（translated by Michael Bullock）, *MATRIX*（Toronto, Canada）, Fall 1990, No.32, pp.44-48.

"Cao Yu: *Metamorphosis*, Chongqing, Wenhua shenghuo chubanshe, 1941", *A Selective Guide to Chinese Literature 1900-1949*, Vol.4, The Drama, edited by Bernd Eberstein, E. J. Brill, Leiden. New York, KØbenhavn Köln, pp.63-65.

"Lao She and Song Zhidi: *The Nation Above All*, Shanghai Xinfeng chubanshe, 1945",*A Selective Guide to Chinese Literature 1900-1949*, Vol.4, The Drama, edited by Bernd Eberstein, E. J. Brill, Leiden. New York, KØbenhavn Köln, pp.164-167.

"Yuan Jun: *The Model Teacher for Ten Thousand*

Generations, Shanghai, Wenhua shenghuo chubanshe, 1945", *A Selective Guide to Chinese Literature 1900-1949*, Vol.4, The Drama, edited by Bernd Eberstein, E. J. Brill, Leiden. New York, KØbenhavn Köln, pp.323-326.

1991   "The Theatre of the Absurd in Mainland China: Kao Hsing-chien's *The Bus Stop*" in Bih-jaw Lin（ed.）, *Post-Mao Sociopolitical Changes in Mainland China: The Literary Perspective*, Institute of International Relations, National Chengchi University, Taipei, pp.139-148.

"Thought on the Current Literary Scene", *Rendition*（A Chinese-English Translation Magazine）, Nos.35 & 36, Spring & Autumn 1991, pp.290-293.

1997   *Flower and Sword* (Play translated by David E. Pollard) in Martha P.Y. Cheung & C.C. Lai (ed.),

Contemporary Chinese Drama, Hong Kong, Oxford University Press, pp.353-374.

2001　"The Theatre of the Absurd in China: Gao Xingjian's *Bus-Stop*" in Kwok-kan Tam (ed.), *Soul of Chaos: Critical Perspectives on Gao Xingjian*, Hong Kong, The Chinese University Press, pp.77-88.

2006　二月，《中國現代演劇》（《中國現代戲劇的兩度西潮》韓文版，姜啟哲譯），首爾。

八、有關馬森著作（單篇論文不列）

龔鵬程主編：《閱讀馬森——馬森作品學術研討會論文集》，台北：聯合文學，二〇〇三年十月。

石光生著：《馬森》（資深戲劇家叢書），台北：行政院文化建設委員會，二〇〇四年十二月。

史地傳記類　PC0147

與錢穆先生的對話

作　　者／馬　森
主　　編／楊宗翰
責任編輯／孫偉迪
圖文排版／蔡瑋中
封面設計／王嵩賀

發 行 人／宋政坤
法律顧問／毛國樑　律師
印製出版／秀威資訊科技股份有限公司
　　　　　114台北市內湖區瑞光路76巷65號1樓
　　　　　電話：+886-2-2796-3638　傳真：+886-2-2796-1377
　　　　　http://www.showwe.com.tw
劃撥帳號／19563868　戶名：秀威資訊科技股份有限公司
　　　　　讀者服務信箱：service@showwe.com.tw
展售門市／國家書店（松江門市）
　　　　　104台北市中山區松江路209號1樓
　　　　　電話：+886-2-2518-0207　傳真：+886-2-2518-0778
網路訂購／秀威網路書店：http://www.bodbooks.com.tw
　　　　　國家網路書店：http://www.govbooks.com.tw
圖書經銷／紅螞蟻圖書有限公司
　　　　　114台北市內湖區舊宗路二段121巷28、32號4樓
　　　　　電話：+886-2-2795-3656　傳真：+886-2-2795-4100

2011年5月BOD一版
定價：180元
版權所有　翻印必究
本書如有缺頁、破損或裝訂錯誤，請寄回更換

國家圖書館出版品預行編目

與錢穆先生的對話 / 馬森著. -- 一版. -- 臺北市：秀威資
訊科技, 2011. 05
　　面； 公分. --（史地傳記類 ; PC0147）
BOD版
ISBN 978-986-221-725-2（平裝）

1. 史學　2. 史學評論　3.中國文化　4. 文集
607　　　　　　　　　　　　　　　　　100003793

讀者回函卡

感謝您購買本書，為提升服務品質，請填妥以下資料，將讀者回函卡直接寄回或傳真本公司，收到您的寶貴意見後，我們會收藏記錄及檢討，謝謝！
如您需要了解本公司最新出版書目、購書優惠或企劃活動，歡迎您上網查詢或下載相關資料：http:// www.showwe.com.tw

您購買的書名：＿＿＿＿＿＿＿＿＿＿＿＿＿＿＿＿＿＿＿＿＿＿＿＿＿＿

出生日期：＿＿＿＿＿＿年＿＿＿＿＿＿月＿＿＿＿＿＿日

學歷：□高中 (含) 以下　　□大專　　□研究所 (含) 以上

職業：□製造業　□金融業　□資訊業　□軍警　□傳播業　□自由業
　　　□服務業　□公務員　□教職　　□學生　□家管　　□其它＿＿＿

購書地點：□網路書店　□實體書店　□書展　□郵購　□贈閱　□其他

您從何得知本書的消息？
　□網路書店　□實體書店　□網路搜尋　□電子報　□書訊　□雜誌
　□傳播媒體　□親友推薦　□網站推薦　□部落格　□其他＿＿＿＿＿＿

您對本書的評價：（請填代號　1.非常滿意　2.滿意　3.尚可　4.再改進）
　封面設計＿＿＿　版面編排＿＿＿　內容＿＿＿　文／譯筆＿＿＿　價格＿＿＿

讀完書後您覺得：
　□很有收穫　□有收穫　□收穫不多　□沒收穫

對我們的建議：＿＿＿＿＿＿＿＿＿＿＿＿＿＿＿＿＿＿＿＿＿＿＿＿＿＿

＿＿＿＿＿＿＿＿＿＿＿＿＿＿＿＿＿＿＿＿＿＿＿＿＿＿＿＿＿＿＿＿＿

＿＿＿＿＿＿＿＿＿＿＿＿＿＿＿＿＿＿＿＿＿＿＿＿＿＿＿＿＿＿＿＿＿

＿＿＿＿＿＿＿＿＿＿＿＿＿＿＿＿＿＿＿＿＿＿＿＿＿＿＿＿＿＿＿＿＿

11466
台北市內湖區瑞光路 76 巷 65 號 1 樓

秀威資訊科技股份有限公司　　　收
BOD 數位出版事業部

・・・

（請沿線對折寄回，謝謝！）

姓　　名：＿＿＿＿＿＿＿＿＿　年齡：＿＿＿＿＿　性別：□女　□男

郵遞區號：□□□□□

地　　址：＿＿＿＿＿＿＿＿＿＿＿＿＿＿＿＿＿＿＿＿＿＿＿＿＿

聯絡電話：(日)＿＿＿＿＿＿＿＿＿＿　(夜)＿＿＿＿＿＿＿＿＿＿＿

E-mail：＿＿＿＿＿＿＿＿＿＿＿＿＿＿＿＿＿＿＿＿＿＿＿＿＿＿